학습격차
해소를 위한
새로운 도전
보편적 학습설계 수업

모두의 존엄,
모두의 성장을
꿈꾸는 교육

학습격차 해소를 위한 새로운 도전
보편적 학습설계 수업

초판 1쇄 발행 2021년 2월 12일
초판 3쇄 발행 2023년 5월 18일

기획 경기도교육연구원
지은이 조윤정, 변영임, 오재길, 이수현
펴낸이 김승희
펴낸곳 도서출판 살림터

기획 정광일
편집 조현주
그림 이태수
북디자인 꼬리별

인쇄·제본 (주)신화프린팅
종이 (주)명동지류

주소 서울시 양천구 목동동로 293, 2215-1호
전화 02-3141-6553
팩스 02-3141-6555
출판등록 2008년 3월 18일 제313-1990-12호
이메일 gwang80@hanmail.net
블로그 http://blog.naver.com/dkffk1020

ISBN 979-11-5930-177-3 03370

학습격차 해소를 위한 새로운 도전

새로운 도전

보편적 학습설계 수업

모두의 존엄,
모두의 성장을
꿈꾸는 교육

경기도교육연구원 기획
조윤정·변영임·오재길·이수현 지음

살림터

서문

2020년은 세계의 모든 사람들에게 힘든 시기였다. 너무나 자연스럽게 받아들여졌던 대면 모임이 차단당하고 비대면 언택트 시대로 접어들었기 때문이다. 교육현장도 예외는 아니었다. 교사와 학생들이 만나지 못하면서 수업을 위한 전제 조건이었던 소통을 위한 기반을 마련하지 못했고, 교실에서 이루어지던 수업의 일상도 달라졌다.

코로나19로 인해 공교육의 많은 문제들이 수면 위로 올라왔다. 코로나 발생 이전에도 학습격차라는 문제가 있었지만 비대면 수업으로 학습격차가 더 벌어졌다. 이제 학습격차를 어떻게 해결할 것인지가 공교육에서 가장 큰 화두 중의 하나로 떠오르고 있다. 대부분의 성적 중위권 학생들이 하위권으로 떨어졌고 학업성취도가 전반적으로 하락했다. 교사와 연구자들도 미증유의 사태를 맞아 과연 무엇을 할 수 있을지 당황하고 혼란스러워하고 있다.

이러한 위기 속에서 학습격차를 해소할 수 있는 방법으로 보편적 학습설계 수업을 소개하고자 한다. 보편적 학습설계 수업은 학생들이 자신의 현재 수준에서 학습을 시작할 수 있도록 학습 내용과 방법·시기·속도·순서 등에 선택권을 주고 자신에게 가장 잘 맞는 학습 경로를 선택해서, 자신의 진정한 재능을 펼치고 잠재 가능성을 실현할 수 있게 하는 수업이다. 보편적 학습설계 수업을 통해 모든 학생이 배움의 기쁨과 몰입을 경험하며 성장할 수 있고, 보편적 학습설계의 원리를 적용하면 누구나 학습에 쉽게 다가갈 수 있다는 점에서 학습격차 해소에 가장 효과적인 방법 중 하나라고 할 수 있다.

이 책은 보편적 학습설계 만나기, 보편적 학습설계 수업 배우기, 보편적 학습설계 수업 실천하기, 보편적 학습설계 수업을 통한 성장 알아보기 등으로 이루어져 있다. 1장 '보편적 학습설계 만나기'에서는 건축 개념인 보편적 설계를 통해 보편적 학습설계의 개념을 살펴보았다. 2장 '보편적 학습설계 수업 배우기'에서는 보편적 학습설계 수업의 목적, 개념, 학습자상, 원리와 수업 전략이 포함된 보편적 학습설계 수업 실천을 위한 프레임워크를 제시하였다. 특히 보편적 학습설계의 세 가지 원리인 표상의 원리, 표현의 원리, 참여의 원리에 대해 살펴보고 각 원리에 따른 수업 전략을 세워 보았다. 또한 코로나19 사태를 맞이하여 부각되고 있는 학습격차를 보편적 학습설계 수업을 통해서 어떻게 없앨 수 있는지에 대해 기술했다. 3장 '보편적 학습설계 수업 실천하기'에서는 보편적 학습설계 수업 절차와 특징에 대해 알아보고 초등학교 수학과 과학의 보편적 학습설계 수업 실천 사례를 알아보았다. 4장 '보편적 학습설계 수업을 통한 성장 알아보기'에서는 보편적 학습설계 수업을 실천한 교사와 학생이 어떻게 성장하고 변화했는지를 살펴보았다.

이 책은 10명의 현장교사들과 함께 모든 학생들이 자신의 능력을 최대한 발휘할 수 있도록 학습 경험을 창출하는 것이 가능한지, 또한 이를 통해 보편적 학습설계 수업이 모든 아이들에게 학습선택권을 보장하는 기제로서 적합한지 실험하고자 했다. 그 결과 모든 아이들이 다른 학생들과의 상대적인 비교 없이 자신의 출발선에서 스스로의 학습 속도에 맞추어 학습에 대한 관심과 흥미를 고려해서 개별적인 학습 경로에 따라 학습을 하게 되면 배움의 깊이가 깊어지면서 학습 소외로부터 벗어날 수 있다는 것을 알게 되었다. 더불어 학생들이 자신의 출발선에서 한 걸음 한 걸음 앞으로 성장하면서 배움은 두렵고 어려운 것이 아님을 알게 되고, 배움의 기쁨과 몰입을 경험하게 된다는 것도 확인했다. 이것은 학습격차에서 벗어나고 학습복지가 실현되는 과정이었다.

이 연구에 참여한 교사 열 분의 보편적 학습설계 수업 실천이 있었기에 이 책은 세상에 나올 수 있었다. 연구에 참여해 주신 초등의 박기수, 안나, 유수정, 이근식, 정나라, 정주리, 중등의 김도희, 박기윤, 이지훈, 임성은 선생님께 진심으로 깊은 감사와 존경의 마음을 전한다. 이 책을 읽는 독자들도 연구진의 여정에 따라나서면서 새로운 교육 실험에 대해 함께 고민하고 더 나은 교육을 꿈꾸기를 제안한다.

차례

1장

보편적 학습설계 만나기

제1절
보편적 학습설계는 어디에서 비롯되었나?

1. 보편적 설계와 보편적 학습설계

보편적 학습설계UDL, Universal Design for Learning는 학습자 개인에 따라 학습과정에 엄청난 다양성이 존재한다는 전제하에, 학습자가 학습목표를 성취할 수 있도록 교수 자료와 활동을 다양하게 설계하는 것을 의미한다. 그렇다면 보편적 학습설계의 개념은 어디에서 비롯되었을까?

보편적 학습설계는 보편적 설계Universal Design라는 건축과 제품 개발의 개념을 교육에 도입한 것이다. 따라서 우선 보편적 설계에 대해 살펴보려고 한다. 보편적 설계는 1998년 미국 노스캐롤라이나 주립대학교의 론 메이스Ron Mace1998가 처음 공식적으로 제안한 개념[1]으로, 특정인을 대상으로 하는 설계를 모두를 위한 보편적인 설계로 확장하고자 하는 의도에서 시작되었다.현주·유지연·전신영, 2010

---

1. 메이스(Mace)는 보편적 설계를 "The design of products and environments to be usable by all people, to the greatest extent possible, without the need for adaptation or specialized design"이라고 정의하였다.

보편적 설계 인포그래픽
출처: 한국장애인인권포럼 홈페이지

보편적 설계는 모두에게 적합하여 누구도 차별받지 않고 사용 가능하도록 설계하는 것을 의미한다. 제품과 환경을 모든 사람들이 이용할 수 있게 최대한 광범위하게 만드는 설계로서, 인간의 다양성과 차이를 인정하여 통합적인 환경을 구축하고자 하는 의도적인 접근법이다.The Center for Universal Design, 1997 보편적 설계는 모든 제품과 건축물들을 개조하거나 특수한 디자인 없이 모든 사람들이 사용할 수 있도록 설계한다는 것에서 비롯된 개념으로, 장애인이나 노약자뿐 아니라 남녀노소, 장애 유무와 관계없이 모든 사람들의 생활을 간편하게 하는 데 목적이 있다. 보편적 설계는 건축물, 야외 공간, 제품 그리고 통신 기기의 개발에서부터 장애인뿐 아니라 모든 사람들의 접근성을 높이도록 지원한다. 이를 위해 시작단계에서부터 디자인을 고려하여 모든 사람들에게 편리한 경험을 제공한다.

보편적 설계는 세 가지 특징이 있다.

첫째, 장애를 없애는 무장애 설계이다. 장애인이 접근하기 어려운 물리적 환경이나 사회적 태도로 인하여 장애인들은 교육, 환경, 주거, 여가, 문화생활과 이동 등에서 어려움을 겪었고 이들의 독립과 평등권

에 대한 요구가 증가하면서 무장애 설계에 대한 요구가 대두되었다.^{김경}
^{민·송찬원, 2005} 우리가 살아가는 생활세계는 비장애인만이 살아가는 곳
이 아니라 장애인과 비장애인이 함께 살아가는 곳이다. 따라서 비장애
인만을 위한 설계는 평등권을 위배하고 장애인의 독립된 생활에 장벽
이 된다.^{이학준·김남진·김용성, 2017} 장애인이 일상생활을 독립적으로 할 수
있도록 설계하는 것이 무장애 설계이며, 설계 초기부터 장애가 될 수
있는 불편한 시설과 물건 등을 제거함으로써 생활의 장애 요소를 제
거하는 설계가 무장애 설계이다.

둘째, 통합 설계이다. 보편적 설계는 건축물을 설계할 때 필요한 모
든 것을 포함해서 설계한다는 점에서 통합 설계이며, 설계 단계부터
장애인과 비장애인이 함께 편리하게 생활할 수 있도록 설계를 진행한
다. 즉 설계할 때 다양한 요소를 통합적으로 고려하여 설계함으로써
장애/비장애, 아이/노인, 여성/남성 등 모든 사람을 위한 설계를 한다.
이처럼 개인의 다양성을 존중하고 차이를 수용하기 위한 설계를 통합
설계라고 할 수 있다.^{이학준·김남진·김용성, 2017}

셋째, 보편적 설계는 모든 이를 위한 설계이다. 제품, 서비스, 환경
등에서 연령이 많고 적음, 키가 크고 작음, 장애의 유무에 상관없이 모
든 사람의 이용성을 극대화하는 설계 접근 방법이다.^{Bowe, 2010} 예컨대
TV의 폐쇄자막은 자막이 처음 사용되었을 때 청각장애인을 위한 것
이었으나 지금은 청각장애인뿐 아니라 헬스클럽에서 운동하는 사람,
공항 여행자, 언어 기술과 관련된 직종에 종사하는 개인에게도 도움
을 주면서 모든 사람에게 편의를 제공하고 있다. 이처럼 보편적 설계
는 장애인뿐 아니라 모든 사람들이 편리하게 일상생활을 할 수 있도
록 한다는 점에서 모두를 위한 설계이다.

2. 보편적 설계의 기본 원칙과 교육적 적용

도시공학자 정석 교수가 건물과 길의 관계에 따라 건물의 종류를 구분한 것을 보면 보편적 설계의 개념을 더욱 쉽게 이해할 수 있다. 그는 길에 대한 건물의 태도에 따라 건물을 오만한 건물과 공손한 건물로 구분하였다. 오만한 건물은 길과 사람을 전혀 배려하지 않고 저 잘난 맛에 뻐기듯 서 있는 건물이다. 우리나라 국회의사당처럼 대개 1층 바닥이 보도보다 훨씬 높아서 수십 개의 계단을 올라가야 건물 입구에 들어설 수 있다.

반면 공손한 건물은 울산매곡도서관처럼 길을 깍듯이 배려하고, 길에 자신을 맞추어 다소곳이 서 있는 건물을 말한다. 이 건물들은 1층 바닥과 보도 높이가 똑같다. 건장한 사람들도 편히 드나들고 장애인과 노약자, 휠체어와 유모차도 별다른 수고 없이 오갈 수 있다. 정석

건물 진입구에 수많은 계단이 있는 국회의사당

1층 바닥과 보도 높이가 같은 울산매곡도서관

교수는 공손한 건물을 보편적 설계를 적용한 건물로 보았다.^{정석, 2013}

정석 교수의 오만한 건물과 공손한 건물을 보편적 학습설계 개념에 적용해 본다면, 오만한 건물은 학생의 학습 수준이나 요구를 전혀 고려하지 않고 교육과정이 주主가 되는 교수학습이다. 건물(교육과정)에 진입하는 사람(학생)들을 전혀 배려하지 않아서 학생들이 건물(교육과정)에 올라가기 위해서는 수십 개의 계단을 걸어 올라가야 한다. 그러니 계단을 오르기가 힘든 학생은 건물에 진입할 수 없다.

반면 보편적 학습설계는 공손한 건물에 비유할 수 있다. 학생이 건물에 진입할 때 높은 계단이나 턱 등을 접하지 않고 편하게 건물에 진입할 수 있도록 건물 진입구와 보도의 높이를 똑같이 맞추어 주는 것이다. 보편적 학습설계는 학생의 학습준비도와 학습유형, 관심과 흥미 등을 세심하게 배려하고, 학생들의 현재 학습준비도 수준을 출발점으로 보고 그 출발점에 맞추어 교육과정을 설계한다. 즉 교사는 건물(교육과정)의 높이를 보도의 높이(학생의 학습준비도, 학습유형, 요구, 흥미와 관심 등)에 맞추어 교수학습을 설계하는 것이다.

요컨대 보편적 학습설계는 보편적 설계에서 지향하는 유연성의 개념을 물리적인 시설뿐 아니라 교육과정 및 교수학습 방법으로 확대 적용하고자 하는 접근으로, 교육과정을 설계하면서 모든 학생들이 배움의 기회를 가질 수 있도록 형평성을 구현하는 것을 의미한다. 즉 교수학습의 목표, 방법, 평가 등을 설계할 때 학습자들이 학습 자료를 이해하는 데 방해가 되는 모든 장애물을 제거함으로써 모든 학습자들의 학습을 촉진하여 개별화 학습이 가능하고 학습자들에게 최상의 학습 환경을 제공하는 것을 기본 개념으로 한다.Bray & McClaskey, 2017

보편적 학습설계가 보편적 설계와 차별화되는 점은 학습에 초점을 둔다는 것이지만, 가능한 한 다양한 개인을 고려하여 설계한다는 점에서 공통적이다. 보편적 학습설계 개념이 보편적 설계에서 비롯되었고 보편적 학습설계를 이해하는 데 도움이 되므로, 보편적 설계의 일곱 가지 기본 원칙과 이러한 원칙을 교육적으로 어떻게 적용했는지를 살펴볼 필요가 있다.

보편적 설계의 첫 번째 원칙은 공평한 사용으로, 누구나 사용할 수 있도록 대중의 접근을 향상시키고 모든 사람들이 공평하게 사용할 수 있도록 하는 것이다. 이를 통해 어떠한 사용자도 분리되거나 배제되지 않도록 하며 모든 사용자에게 동일한 사용수단을 제공하는 것이다.

둘째, 사용상의 융통성으로, 다양한 사람들의 요구를 충족시키며 유연하게 사용 가능해야 한다. 사용 방법에 선택권을 제공하는 등 사용상 융통성이 있어 아동부터 노인, 남성과 여성, 장애인과 비장애인

등 모든 사람들이 바라는 바를 충족시켜 줄 수 있어야 한다.

셋째, 사용자의 경험, 언어기술, 지식 또는 현재의 주의집중 수준에 관계없이 알기 쉽고 사용하기 쉬운 디자인을 이용해야 한다. 필요 이상으로 복잡한 것을 제거하고 사용자의 기대와 직관에 부합되도록 해야 한다.

넷째, 쉽게 지각할 수 있는 정보로서 문자, 음성, 촉각에 의한 정보를 적절하게 전달하고 장애가 있는 사람도 사용하기 쉬워야 하며 사용 방법을 쉽게 인지할 수 있어야 한다. 신체적인 장애가 없는 사람도 환경적인 상황에 따라 소리를 듣지 못하는 경우가 있으며, 시각장애인이 아닌 경우에도 표시되어 있는 사항의 의미를 파악하지 못하는 경우가 있다. 따라서 모든 경우에 정보를 문자, 음성, 촉각 등 다양한 방식으로 제공함으로써 사용자에게 필요한 정보를 효과적으로 전달해야 한다.

다섯째, 실수에 대한 포용력으로, 실수를 최소화하고 잘못 사용했을 경우에도 대처할 수 있어야 하며 안전해야 한다. 우발적이거나 의도하지 않은 행동으로 인해 위험하고 부정적인 결과를 초래할 수 있는 요소에 대해 경고함으로써 위험을 제거하고 보호장치를 제공해야 한다.

여섯째, 적은 신체적 노력으로, 동작을 반복하거나 물리적 힘을 세게 가하지 않아도 간단하게 이용할 수 있어야 한다. 반복적인 동작과 지속적인 신체적 수고를 최소화하고, 사용자가 자연스러운 신체적 자세를 유지할 수 있도록 함으로써 효율적이고 편리하며 최소한의 신체적 노동으로 사용할 수 있도록 하는 것을 말한다.

일곱째, 접근과 사용을 위한 충분한 크기와 공간으로, 사용자의 신

	원칙	내용
원칙 1	공평한 사용	모든 사람이 공평하게 사용할 수 있어야 한다.
원칙 2	사용상의 융통성	다양한 사람들의 욕구를 충족시키며 유연하게 사용 가능해야 한다.
원칙 3	간단하고 직관적인 사용	이용자의 배경지식과 축적되어 온 경험과 상관없이 알기 쉽고 이용하기 쉬워야 한다.
원칙 4	쉽게 지각할 수 있는 정보	문자, 음성, 촉각에 의한 정보를 적절하게 전달하고 장애가 있는 사람도 사용이 쉬워야 하며 사용 방법을 쉽게 인지할 수 있어야 한다.
원칙 5	실수에 대한 포용력	우발적이거나 의도하지 않은 행동으로 인해 발생할 수 있는 위험과 부정적인 결과를 최소화해야 한다.
원칙 6	적은 신체적 노력	동작을 반복 또는 물리적 힘을 세게 가하지 않아도 간단하게 이용 가능해야 한다.
원칙 7	접근과 사용을 위한 충분한 크기와 공간	사용자의 신체적 크기, 자세 혹은 이동성에 상관없이 접근, 도달, 작동 그리고 활용할 수 있는 적절한 크기와 공간이 제공되어야 한다.

출처: Council for Exceptional Children(2006). p. 32.

체적 크기, 자세 혹은 이동성에 상관없이 접근, 도달, 작동 그리고 활용할 수 있는 적절한 크기와 공간이 제공되어야 한다.

이제 일곱 가지 기본 원칙의 교육적 적용 내용에 대해 살펴보자.

첫째, 공평한 교육과정이란 다양한 능력을 가진 학습자들이 접근 가능하도록 단일 교육과정을 사용하는 것을 의미한다. 교육과정은 학습자를 불필요하게 차별하거나 '차이점'에 지나친 관심을 불러일으켜서는 안 된다. 모든 학생에게 필요한 동일 목표를 설정하고, 그에 따라 학습 내용을 설계해야 한다. 가능한 목표와 학습 내용을 동일하게 제공하되 여의치 않을 경우에는 등가의 내용을 제공해야 한다.

둘째, 융통성 있는 교육과정은 광범위한 개인의 능력과 선호도에 따라 융통성 있게 교육 방법을 제시해야 한다는 것을 의미한다. 이를 위해 언어, 학습 수준, 표현의 복잡성이 조절될 수 있어야 하며, 다양한 특성을 지닌 학습자들에게 적합한 교수 방법을 활용해야 한다. 학습자의 진도는 필요한 경우 목적과 교수 방법을 재설정하기 위해 지속적으로 검토해야 한다.

셋째, 간단하고 직관적인 교수는 학습자의 경험이나 지식, 언어능력, 집중도 등에 따라 수업 방법의 복잡성을 조정하여 학습자가 가장 잘 접근할 수 있는 방식으로 수업 방법을 제공해야 한다는 것을 의미한다. 예컨대 보고서나 프로젝트, 수행해야 할 내용에 대한 기대치를 분명하게 기술한 채점표나 체크리스트를 제공하거나, 학습자가 어려운 과제를 수행할 때 참고할 수 있는 안내서를 제공하는 것 등이 이에 해당된다.

넷째, 쉽게 지각할 수 있는 정보는 학습자의 지각 능력, 이해도, 주의 집중도에 상관없이 학습자에게 필요한 정보가 가장 효과적으로 전달될 수 있도록 다양한 표현 수단을 제공하는 것을 의미한다. 예컨대 디지털이나 온라인 형태로 된 교과서나 읽을거리, 다른 교수 지원 방안들을 선택함으로써 다양한 요구를 지닌 학습자가 전통적인 교수 자료들뿐 아니라 다양한 공학적 도움을 받을 수 있는 자료들을 활용하는 것을 말한다.

다섯째, 성공 지향적(success-oriented) 교육과정으로 교사는 학생이 참여하는 데 불필요한 장애를 제거함으로써 학생이 교육과정에 참여할 수 있도록 독려한다. 여기서 성공 지향적이란 모든 학습자에게 실질적인 학습 기회를 제공하는 것을 의미한다. 필요한 경우 교사는 빅아이디어big idea[2]가르치기, 배경지식 제공하기, 비계 제공하기 scaffolding 등 효과적인 교육과정 설계의 원리를 적용하여 지속적이고 지원적인 학습 환경을 지원해야 한다.

여섯째, 적절한 학습자의 노력 수준은 학습에 대한 집중력을 극대화하기 위해서 불필요한 신체적 수고를 최소화하도록 하며 교육과정의 수업 자료에 대한 접근을 용이하게 하고, 편안함을 증진하며 동기를 촉발하고 학습자의 참여를 독려하는 것을 의미한다.

일곱째, 학습을 위한 적절한 환경은 교실 환경과 교육과정 교수 자료를 조직할 때 교수 방법의 변화뿐만 아니라 학습자에 의한 물리적·인지적 접근에서의 변화를 허용하는 것을 의미한다. 학습자들이 다양한 방식으로 모둠을 형성할 수 있도록 허용하고, 이를 통해 교실 안팎에서 학습자 간 의사소통을 촉진한다. 또한 과제를 수행한 학습자에게 학습자의 이름을 호명하거나 개인적으로 인정해 줌으로써 학습자의 동기를 유발하여 학습자의 수행을 촉진한다.

---

2. 여러 개념들은 그 개념들 간의 공통 속성을 중심으로 묶이는데 이것을 빅아이디어라고 부른다.

<표 1-2> 보편적 설계 원칙의 교육적 적용

물리적 원리	원리의 교육적 적용
1. 공평한 사용	공평한 교육과정 교수(instruction)는 매우 다양한 능력을 가진 학습자가 접근 가능한 단일 교육과정을 사용한다. 즉, 교육과정은 학습자를 불필요하게 차별하거나 '차이점'에 지나친 관심을 불러일으켜서는 안 된다. 교육과정은 모든 학습자가 참여할 수 있도록 설계한다.
2. 사용 시 융통성	융통성 있는 교육과정 교육과정은 광범위한 개인의 능력과 선호도를 수용하기 위해서 융통성 있게 제시될 수 있도록 설계한다. 따라서 언어, 학습 수준, 표현의 복잡성이 조절될 수 있어야 하며, 학습자의 진도는 필요한 경우 목적과 수업 방법을 재설정하기 위해 지속적으로 검토한다.
3. 간단하고 직관적인 사용	간단하고 직관적인 교수 교수는 간단해서 학습자가 가장 접근 가능한 양식(mode)으로 제공한다. 언어, 학습 수준, 제시의 복잡성은 조정될 수 있다. 학습자의 진도는 필요한 경우 목적과 수업 방법을 재설정하기 위해 지속적으로 검토한다.
4. 쉽게 지각할 수 있는 정보	다양한 표현 수단들 교육과정은 지각능력, 이해도, 주의집중도에 상관없이 학습자에게 가장 효과적으로 전달될 수 있는 방법으로 그를 가르치기 위해 다양한 표현 수단을 제공한다.
5. 실수에 대한 포용력	성공 지향적(success-oriented) 교육과정 교사는 참여에 대한 불필요한 장애를 제거함으로써 교육과정에 참여할 수 있도록 독려한다. 필요한 경우 교사는 효과적인 교육과정 설계의 원리를 적용한(예: big idea 가르치기, 배경지식 제공하기, 비계 설정 등) 계속적인 지원을 통해 지원적인 학습 환경을 제공한다.
6. 적은 신체적 노력	적절한 학습자의 노력 수준 교실 환경은 다양한 학습자의 반응 수단을 수용함으로써 교육과정 교수 자료에 대한 접근의 용이성을 제공하고, 편안함을 증진하며, 동기를 촉발하고, 학습자의 참여를 독려한다. 평가는 지속적으로 행해져야 하며, 수행을 측정한다. 교수는 평가 결과에 근거해서 바꿀 수 있다.
7. 접근과 사용을 위한 충분한 크기와 공간	학습을 위한 적절한 환경 교실 환경과 교육과정 교수 자료의 조직은 교수 방법에서의 변화뿐만 아니라 학습자에 의한 물리적·인지적 접근에서의 변화를 허용한다. 교실 환경은 다양한 학습자의 집단화(grouping)를 허용한다. 교실 공간은 학습을 독려한다.

출처: Council for Exceptional Children(2006), p. 32.

제2절
보편적 학습설계는 무엇인가?

1. 보편적 학습설계의 개념

보편적 학습설계는 "모든 학생들에게 학습의 장애를 제거하여 출발 선에서부터 모든 학습자의 요구를 충족시킬 수 있도록 교육과정과 수업을 설계하는 것"으로 정의할 수 있다.

여기서 장애를 제거한다는 것은 장애를 가진 학생들이 학습에 접근할 때 맞닥뜨리게 되는 장애만을 의미하는 것이 아니다. 장애 학생뿐 아니라 일반 학생들도 학습하는 과정에서 수많은 장애에 부딪히게 된다. 읽기, 쓰기, 셈하기 등의 기초학력을 갖추지 못한 학생뿐 아니라 기초적인 학습 기능을 갖추고 있는 경우에도 자신의 흥미나 관심사, 학습준비도, 학습유형 등에 따라서 학습과정에서 각자 장애를 느끼는 부분이 존재한다.

예컨대 수업시간에 새로운 개념을 배우게 될 때 자신의 생활 속에서 쉽게 접할 수 있는 내용과 관련이 없을 때 학생들은 기존의 경험이나 선수 지식과 새로운 개념을 연결 짓기 어렵다. 이때 학생들은 개념을 이해하는 데 필요한 기초적인 바탕이 부족하기 때문에 새로운 개념을 이해하거나 새로운 지식을 받아들이기가 어렵다. 교사는 개별 학생의 배경과 경험, 그 아이의 선수 지식 등을 골고루 파악해야 학생이 개념을 이해하고 학습을 진행하는 데 필요한 적절한 바탕을 제공할 수 있다. 만약 학생의 학습에 꼭 알맞은 적절한 기초와 바탕이 제공된다면 학생은 학습에 쉽게 접근할 수 있을 것이다.

다른 예로 초등 국어 시간에 이야기 속에 등장하는 인물이나 사건, 장소에 대해 탐구할 때를 생각해 보자. 상황과 인물, 사건, 장소에 대해서는 충분히 이해하지만 텍스트를 통해 자신이 이해한 내용을 제대로 표현하기 어려울 때(특히 초등 저학년의 경우), 그 학생에게 자신이 이해한 내용을 잘 전달할 수 있는 매체를 통해 표현할 수 있는 선택의 자유를 제공하면 자신의 이해도를 충분히 표현할 수 있다. 물론 텍스트가 불편한 학생들이 그림 또는 동영상으로 자신의 이해도를 표현했다고 해서 읽기와 쓰기를 가르칠 필요가 없다는 뜻은 아니다. 읽기와 쓰기는 삶을 살아가는 데 필요한 기초적인 역량이므로 반드시 해득할 수 있도록 가르쳐야 한다. 그러나 학생이 인물, 사건, 장소에 대해 제대로 탐구했는데도 매체의 속성 때문에 자신이 이해한 부분을 제대로 표현하지 못할 경우, 그 매체 자체가 장애가 되어서는 안 된다는 뜻이다.

이처럼 학생들이 학습하면서 마주치게 되는 장애는 여러 영역에서 다양한 형태로 나타날 수 있다. 그런데도 그동안 교육현장에서는 '교육과정의 장애'에 관심을 갖지 않았으며, 국가수준에서 정해진 교육과정이 먼저 주어지면 학생들은 그 교육과정에 맞추어야 했다. 즉 교육과정이 기준점이 되고, 중심이 되었던 것이다. 따라서 교육과정을 따라오지 못하는 학생에게 '장애' 또는 '저성취underachieving'로 낙인을 찍으며 학생에게 책임을 돌렸다.

교육과정을 제시하는 방법에 있어서도 마찬가지였다. 학생들은 수업시간에 대부분 교과서나 교사가 만든 수업 자료(동영상, PPT, 인쇄물 등)를 통해 개념이나 원리를 배워야 했다. 그리고 배운 내용에 대해 지필평가나 수행평가 등을 통해서 평가받았다. 이처럼 주로 텍스트 중심의 매체에 국한될 경우 읽기 능력이 부족한 학생들은 배움이나 표현에서 어려움을 겪을 수 있다. 그런데도 지금까지 학생들의 다양한 학습유형에 대한 고려 없이 텍스트 중심의 독점적인 매체를 기준으로 수업을 진행해 왔다. 그러나 보편적 학습설계는 학생 중심의 접근법으로 학생의 배움에 중심을 둔다.

보편적 학습설계는 학생들의 다양한 학습 요구를 충족시키기 위해 세 가지 원리를 제시한다. 첫째, 다양한 표상 수단을 제공하고, 둘째, 다양한 행동과 표현 수단을 제공함으로써 학습에 대해서 쉽게 다가갈 수 있도록 접근성을 높이고자 한다. 셋째, 학생들마다 학습에 동기부여가 되는 방식이나 내용이 다르므로 다양한 참여 수단을 제공하고자 한다.

보편적 학습설계는 이상의 세 가지 원리를 적용함으로써, 어느 누구도 교실에서 배제되거나 교사의 관심 범위에서 벗어나지 않고, 학생들의 능력 차이와 특성을 고려하여, 배움이 협력적으로 그리고 동시 다발적으로 이루어질 수 있도록 구성하자는 취지에서 구안된 새로운 교육적 패러다임이다.Bowe, 2010 보편적 학습설계는 처음에는 특수교육 영역에서 장애 학생을 위한 교수학습 방법에 초점을 맞추었지만, 이제는 "장애 학생을 포함하여 가능한 한 다양한 학습자들이 공통의 환경에서 학습할 수 있도록 교육과정 및 학습 환경을 탄력적으로 설계하는 것이며 내재된 융통성의 개념을 교육 상황에 적용시키는 것"으로 확대되어 이해되고 있다.Rose & Mayer, 2002 즉, 보편적 학습설계는 특수교육뿐 아니라 일반교육의 모든 학습자를 포함하는 교육이다.

보편적 학습설계에서 '보편적universal'이라는 용어는 '획일적one-size-fits-all'임을 의미하지는 않는다. 오히려 개인차가 있는 모든 학습자가 그들에게 가장 적합한 방법으로 동일한 내용에 대해 동등하고 공정하게 접근하고 학습할 기회를 갖는 것을 의미한다. 개인의 다양한 특성과 차이를 감안하여 학습을 극대화할 수 있게 변형이 가능한 융통성을 가지며 개개인 학습자의 독특한 요구에 대한 차이를 반영하고, 학습자에게 적합하고 그들의 능력을 최대한 발휘할 수 있도록 적합한 학습 경험을 창출하는 것이다.

보편적 학습설계에 대해서 국내외 학자들은 다음과 같이 다양하게 정의하고 있다.

〈표 1-3〉 보편적 학습설계의 정의

학자	정의
Hall et al. (2003)	모든 학습자들이 활용할 수 있는 교육 방법이나 자료, 교육 평가적 특성을 지닌 융통성 있는 교육과정을 설계·개발할 수 있도록 도와주는 이론적 틀
CAST (2008)	모든 학습자들을 학습전문가가 되도록 하는 데 방해가 되는 주요 장애, 즉 학습에 대해 의도하지 않은 장애들을 야기하는 융통성 없고 획일적인 교육과정을 다루거나 시정하기 위한 접근법
Rose & Meyer (2002)	이질적 특성을 지닌 학습자들의 일반 교육과정으로의 접근, 참여, 진전도를 촉진시키기 위한 방법
Higher Education Opportunity Act, HEOA(2008)	교육 실제를 안내하기 위한 과학적으로 타당한 프레임워크로서 a) 정보 제공 방식, 학생들의 반응 혹은 지식과 기술을 보여 주는 방식, 학생들의 참여 방식에 융통성을 제공하는 것, b) 장애 학생 및 영어에 능숙하지 못한 학생을 포함한 모든 학생에게 수업의 방해 요소를 줄여 주고, 적절한 조정(accommodation) 및 지원, 그리고 도전감을 제공하며, 높은 성취 기대감을 유지시켜 주는 것

학자	정의
김남진·김용욱 (2017)	모든 학습자의 학습전문가 양성을 목적으로 정보를 다양한 형식과 매체로 표현하고, 학습자의 행동과 표현을 위한 다양한 통로를 제공하며, 학습자의 관심과 동기를 유발하는 다양한 방법을 제공하는 교육과정 개발의 준거 틀
김남진·우정한 (2016)	학습자들의 모든 학습 국면에서 모든 학생들의 접근과 참여, 진전을 완전히 지원하는 교육과정 개발

2. 보편적 학습설계의 필요성

보편적 학습설계가 필요한 것은 첫째, 학습복지를 실현하기 위해서이다. 우리는 흔히 교육에서 경쟁의 조건을 평등하게 만들어서 아이들의 출발선을 같게 하는 것이 중요하다고 말한다. 이를 위해서는 균등한 교육 기회를 가질 수 있도록 조건을 조성하는 보편적 교육복지 정책이 필요하다. 그런데 이러한 보편적 교육복지[3]는 그 자체가 목적이 아니라 '매개적 정책'이라고 할 수 있으며, 보다 적극적인 복지로서 학습복지가 필요하다. 학습복지는 "학생 개개인의 학업성취 수준과 선호하는 학습 양식에 맞는 학습 기회를 보장하여 잠재능력을 개발하는 것"으로서, 전자가 조건과 과정의 평등에 초점이 맞춰져 있다면 후자는 공정한 결과를 중시하는 것이다.[이수광, 2011] 그리고 공정한 결과를 위해 적극적인 복지로서의 학습복지를 가능하게 하는 방법 중 하나가 보편적 학습설계라고 할 수 있다. 보편적 학습설계는 학습복지 실현

---

3. 보편적 교육복지는 교육의 출발과 과정의 두 지점에서 빈부의 차이, 사는 지역의 차이, 인종의 차이, 남녀의 차이와 같이 본인의 능력과는 상관없는 요인들에 따라 차별받지 않고 균등한 교육 기회를 가질 수 있도록 조건을 조성하는 성격이 강하다 (이수광, 2011).

의 중요한 기제가 되는 동시에 결과의 공정성을 실현할 수 있다는 점에서 교육의 형평성 구현을 가능하게 한다.

둘째, 교육의 패러다임이 교육에서 학습으로 바뀌고 있기 때문에 보편적 학습설계가 필요하다. 교육의 목적은 모든 학생이 자신이 가진 잠재성을 최대한 발휘하여 세계와 의미 있는 관계를 형성하면서 살아가도록 돕는 데 있다. 학생들이 내재적 가치에 의해 동기화되고 가치 있는 활동과 관계에 몰입하는 삶을 살도록 준비시키는 것을 교육의 목적이라고 볼 수 있을 것이다.White, 2014

그러나 현재 교육계를 관통하고 있는 교사 중심의 교육 패러다임과 수업의 틀 속에서는 '학생들에게 의미 있는 배움이 일어났는지'보다 '교육과정에서 다루고 있는 내용을 얼마나 제대로 전달했는가'를 위주로 교육활동이 이루어지고 있다. 학생이 얼마나 잘 배웠는지, 그리고 그 배움 속에서 생명과 경험의 통일성the integrity of experience을 획득했는지[4]Whitehead, 2009에 중점을 두지 않고 우리는 여전히 교사 중심의 교육 패러다임에 갇혀 있다. 미래 사회에 적합한 교육 시스템의 혁신과 변화의 중요성을 주창하고 있지만 '교육 패러다임'에서 '학습 패러다임'으로 전환하지 못한 경우가 많은 것이다.

셋째, 다양성을 고려하여 교육과정과 수업을 설계해야 할 필요성이 높아지고 있기 때문에 보편적 학습설계가 필요하다. 최근의 교육현장은 문화, 인종, 언어, 경제적 지위, 성별, 경험, 성취동기, 장애, 능력, 개인적 관심사, 선호하는 학습 형태, 성인 지원 체제의 유무 등으로 인해서 학생의 유형이 더욱 다양해지고 있다.Tomlinson & McTighe, 2018 이러

---

4. 화이트헤드(Whitehead, 2009)는 교육의 가장 중요한 과제는 서로 다른 과목들 간의 상관관계성을 보여 주는 노력을 통해서 생명과 경험의 통일성을 재구성하는 것이라고 하였다.

한 학습 환경의 변화 속에서 교사의 일방적인 지식과 정보 전달이 아니라 학생의 배움과 학습을 중심에 두고 학생의 다양성을 고려하여 교육과정과 수업을 설계해야 할 필요성이 높아지고 있다.

모든 학생의 성공적인 학습을 추구하는 보편적 학습설계는 이러한 시대적 흐름과 학습 패러다임의 전환 등으로 인해 필요 불가결한 교육의 시대적 과제로 부상하고 있다. 특히 보편적 학습설계는 교육 형평성을 구현하고 개별 학생의 성장을 지원할 수 있는 원리라는 점에서 미래교육과 새로운 교육혁신 체제 속에서 중요한 과제 및 원리로 언급되고 있다.김기수 외, 2018; 이수광 외, 2015; 조윤정·김아미·박주형·정제영·홍제남, 2017 이제 보편적 학습설계는 학습목표 성취에 어려움이 있는 학습장애 학생만을 대상으로 하는 특수교육 영역만의 어젠다가 아니며, 모든 학생을 대상으로 교육현장에서 광범위하게 논의되고 실천되어야 할 것이다.

넷째, 모든 아이들의 성장을 위해서 보편적 학습설계가 필요하다. 모든 교수학습 실천의 궁극적인 목적은 학생의 성장이다. 그러나 보편적 학습설계가 최근 더 주목받는 이유는 학생 개개인의 흥미와 관심, 준비도, 선호하는 학습 방식에 따라서 여러 기회와 경로를 제공하고, 개인 학습자가 학습하는 데 방해가 되는 장애물을 제거하여 개별적으로 학습을 촉진한다는 점에서, 학생 개개인이 의미를 구성해 나갈 수 있도록 지원하는 데 가장 적합한 원리이자 방법이기 때문이다. 물론 지금까지도 학생 성장을 위한 다양한 교육적 시도, 즉 배움중심수업 등의 학생중심수업과 과정중심평가 등의 노력이 있었다. 하지만 그동안 교실 내 학생을 학습준비도, 흥미와 관심, 선호하는 학습 방식 등의 차원에서 동질의 학생으로 구성된 하나의 집단으로 보고 교육과정과 수업을 실천했다면, 보편적 학습설계는 학생 개개인의 차이와 다양성을 고려하여 교육과정과 수업을 설계한다는 점에서 차이가 있다. 이러한 면에서 보편적 학습설계는 학생 성장을 위한 다른 교육적 시도와 비교할 때 교육의 질적 수월성과 형평성을 보장하는 최선의 접근이라고 할 수 있다.Tomlinson & McTighe, 2018

우리는 현재 4차 산업혁명 시대를 맞이하여 미래교육에 대한 청사진을 그리면서 지금과 다른 이상적인 교육 시스템을 꿈꾸고 있다. 그런데 미래교육에서 지향하고자 하는 교육의 공공성과 선진성을 담보하기 위해서는 모든 아이들의 성장 가능성에 주목하고, 각각의 아이들이 최대한 자신의 잠재력을 발휘할 수 있도록 지원해 주는 체제를 구축해야 한다. 이를 위해서는 교육과정과 수업 속에서 보편적 학습설계의 원리를 적용하고 실천해야 한다. 이를 통해 학생들은 마음과 열정을 다하여 학습에 임하면서 자기 자신에게 의미 있는 배움이 이루어지고 이를 통해 자신과 타인, 자신과 세계와의 의미 찾기 및 관계 맺기 등이 제대로 이루어지면서 사회 구성원으로서 성장하고 기여할 수 있을 것이다.

마지막으로, 학습자 주도성을 이끌어 내기 위해서 보편적 학습설계가 필요하다. 보편적 학습설계의 원리가 구현되면 미래교육의 주요한 원리 중 하나인 학습자 주도성조윤정 외, 2017; OECD, 2018[5]을 이끌어 내는 데에서도 중요한 지렛대 역할을 할 수 있을 것으로 기대된다. 학습자 주도성이 발휘되려면 학습과 삶에서 의미와 가치를 발견해야 하는데, 보편적 학습설계는 모든 아이들이 내재적인 동기에 기반을 두고 진심으로, 그리고 자발적으로 학습에 참여할 수 있도록 하기 때문이다.

---

5. OECD(2018)에서는 학생 주도성(student agency)을 미래 학습의 핵심으로 명시하고 있다.

3. 보편적 학습설계 학습의 특징

보편적 학습설계를 "학습에 있어서 폭넓은 차이를 가지고 있는 학습자의 특성과 차이를 감안하여 학습자 개인이 학습목표를 성취할 수 있도록 융통성 있게 학습 경험을 제공하는 이론적 틀"이라고 정의할 때, 보편적 학습설계를 통해 이루어지는 학습은 전통적인 학습과는 분명히 다르다. 이 두 가지 형태의 학습을 비교해 봄으로써 보편적 학습설계에 대해 더 깊이 이해할 수 있을 것이다.

첫째, 전통적인 학습이 수동적이라면 보편적 학습설계 학습은 능동적이다. 전통적인 학습에서는 교사가 정보를 소유하며 그것을 하나의 생산물로서 학습자에게 분배하기 때문에 학습자는 수동적으로 교사가 주는 정보를 받는 사람이다. 그런데 보편적 학습설계 학습의 경우 학습자는 학습가치learning value를 위한 경험을 처리·분석·검토하는 능동적인 사람이다. 따라서 교사는 학습의 촉진자이며 학습자가 학습을 주도하면서 교사와 학습자는 이해understanding를 위해 함께 노력한다. 보편적 학습설계 학습에 학습자가 능동적으로 참여하게 되는 이유는 자신의 개인적인 삶의 경험을 통해 의미를 발견하고 경험과 학습 내용을 연결 지으면서 학습의 의미를 찾게 되기 때문이다.

둘째, 전통적인 학습이 교수instruction를 중시한다면, 보편적 학습설계 학습은 학생의 참여를 강조한다. 보편적 학습설계 학습에서는 수업이 학습자의 자연적인 사고과정과 흥미를 사로잡을 수 있도록 이루어지기 때문에 학습자는 학습에 적극적으로 참여하게 된다. 학습자는 새로운 지식을 형성하기 위해서 이미 알고 있는 것을 사용하는데, 보편적 학습설계 학습에서 개인에 따라 달리 제공되는 학습 경험은 학

<표 1-4> 전통적인 학습과 보편적 학습설계 학습 비교

전통적인 학습	보편적 학습설계 학습
학습은 수동적인 과정이다 • 교사가 정보를 '소유하며(own)' 그것을 하나의 '생산물(product)'로 학습자에게 분배한다. • 교사는 교수를 '서서 전달한다(stand and deliver)'. 정보와 교수는 모든 사람에게 동일하다. • 학습자는 암기, 연습, 시험을 통해서 학습한다. 그는 정보를 수동적으로 수용한다.	학습은 능동적인 과정이다. • 교사는 학습의 촉진자이며 교수에서 필수적이지만, 교실에서의 핵심은 아니다. 교사는 수업을 '소유하지' 않는다. • 학습자는 정보와 역동적으로 상호작용한다. 학습은 개인이 시작하기 때문에 개인적이다 • 기억은 경험을 통합하며, 학습자는 그것을 통해 의미를 발견/생성하기 위해 처리·분석·검토한다.
교수는 모든 학습자의 주의를 요구한다. • 수업에 대한 학습자의 개인적인 반응은 그다지 중요하지 않다. • '과제수행시간(time on task)'이 중요하다. • 교수는 논리적인 기능에만 맞추어져 있다.	학습은 참여적이다. • 수업은 학습자의 자연적인 사고 과정과 흥미를 사로잡을 수 있도록 구조화된다. • 교수는 전인(whole person)에 맞추어져 있다.
교수는 동질적(homogeneous)이다. • 학습자는 거의 융통성이 허용되지 않는 하나의 방법으로 전달되는 교육과정에 순응한다.	교수는 개별적이다. • 여러 기능과 내용은 학습자에게 적합하도록 만들어진 것이지 학습자가 교육과정에 순응하도록 만들어지지는 않았다.
교육적인 환경은 주요한 고려사항이 아니다. • 순서와 통일성(예: 조용한 교실)이 추구된다.	교육적인 환경은 안전하다. • 개인적인 탐구가 권장되고 보장된다 • 실재적인(authentic) 평가의 초점이 '성공(success)'에서 실제적인 학습으로 이동한다.

출처: Council for Exceptional Children(2006). p. 46.

습자를 학습에 적극적으로 참여하도록 한다. 전통적 학습에서 교수는 과제 수행 시간이나 배워야 할 내용에 초점이 맞추어져 있다면, 보편적 학습설계 학습에서는 학습자, 즉 사람에게 초점이 맞추어져 있다.

셋째, 전통적인 학습에서 교수가 동질적이라면, 보편적 학습설계 학습에서는 개별적이다. 보편적 학습설계 학습에서는 학습자를 기준으로 놓고 학습 내용과 기능을 생각하며, 전통적인 학습처럼 교육과정을 기준으로 놓고 학습자를 생각하지 않는다. 따라서 학습자는 자신의 삶과 경험을 바탕으로 학습하게 되어 학습효과가 극대화될 뿐 아니라 의미 있는 배움이 이루어질 수 있다.

넷째, 전통적인 학습은 학습자의 학습 환경을 중요하게 고려하지 않으며 교사 중심적인 사고에 따라 순서와 통일성을 강조한다. 반면 보편적 학습설계 학습은 학습자에게 안전한 환경을 보장하기 위해 학습자의 신체적 안전을 보장할 뿐 아니라 학습자 개인을 존중함으로써 개인적인 탐구를 권장한다. 학습자는 자신이 가치 있는 사람으로 받아들여지고 존중받는다는 것을 인지할 때 학습에 더욱 적극적으로 참여하고 성장할 수 있게 된다.

Q & A

보편적 학습설계 수업은 모든 학교급에서 가능한가요?

　보편적 학습설계 수업을 실천한 연구 참여자는 총 10명으로 초등교사와 중등교사가 포함되었다. 그런데 이 책에서는 초등학교 수학과 과학 사례를 중심으로 보편적 학습설계 수업에 대해 살펴보았다. 중등의 사례보다 초등의 사례를 선택한 것은 실행연구에 참여했던 초등의 수업 사례가 보편적 학습설계 수업의 원리를 좀 더 구현하고 있기 때문이다.

　이는 중등의 수업은 교과 중심으로 이루어지고 자유학기제나 자유학년제를 실시하는 중학교 1학년을 제외하고는 시험 등의 부담이 있어서 학생 개개인별로 차별화된 학습 속도와 학습 방법을 수업시간 내에 보장해 주기에는 더욱 제약이 많았기 때문이다. 시험 실시에 대비하여 다른 반과의 진도를 맞추어야 했기 때문에 보편적 학습설계 수업을 실시하기에는 시간이 부족했다. 그러한 제약 때문에 교육과정의 진도가 중심이 되었고 학생의 배움을 중심에 두고 개개인이 학습 경로를 설정하면서 자신에게 적합한 방식으로 학습 내용과 속도를 선택하기가 어려웠다.

　그렇다고 해서 중학교의 수업 실천 사례가 보편적 학습설계 수업의 요소를 포함하지 않는 것은 아니다. 이 책의 부록에 실린 중등교사의 국어, 영어, 수학 수업 실천 사례^{부록 참조}를 보면 중등에서도 보편적 학습설계 수업이 가능하다는 것을 알 수 있다. 향후 추가적인 시도와 실험을 통해 더 많은 실천 사례가 축적된다면 충분히 중등의 상황에 적합한 보편적 학습설계 수업을 탐색해 갈 수 있을 것으로 보인다.

다시 말하지만, 중등에서 보편적 학습설계 수업이 불가능한 것은 아니다. 앞서 말한 고등학교와 대학교 입시를 앞두었다는 제약 때문에 초등학교처럼 다양한 시도와 실험을 할 수 있었던 것은 아니지만 중등에서도 충분히 가능하다.

아울러 중등에서 보편적 학습설계 수업 실천이 어려운 또 다른 이유는 초등학교 때부터 축적된 학습 결손이 상당하다는 것이다. 이렇게 누적된 학습 결손 때문에 중등 교사들이 보편적 학습설계 수업을 실천하기 어려운 것이다. 어떤 경우에는 중학교에서 초등학교 때 배워야 할 학습 내용을 가르쳐야 하는 경우도 발생할 수 있기 때문이다. 그래서 보편적 학습설계 수업을 실천할 때 내려놓아야 하는 생각 중 하나는 학년에 정해진 학습 내용이 따로 있다는 것이다. 그 대신 학생 개인별로 학습 내용은 다르며 그것은 학교급이나 학년의 제약으로부터 자유로워야 한다는 생각으로 전환해야 한다. 만약 이러한 고정관념에서 벗어난다면 비록 중학생이라 하더라도 그 학생의 현재의 출발선이 초등학교 수준이라면 거기에서부터 시작할 수 있을 것이다. 그러한 간극을 메꾸어 가면서 자신의 현재 수준에서 출발할 수 있다면 중등에서도 보편적 학습설계 수업은 실천 가능할 것이다.

2장

보편적 학습설계 수업 배우기

제1절
보편적 학습설계 수업의 프레임워크는
어떻게 구성되는가?

1. 보편적 학습설계 수업의 프레임워크

이 절에서는 개별맞춤형 교육을 실천하고 모든 아이들의 잠재 가능성을 실현할 수 있도록 보편적 학습설계의 원리와 철학을 적용하여 수업을 설계하고 실천하는 보편적 학습설계 수업[6]의 프레임워크를 제시하고자 한다. 보편적 학습설계 수업 프레임워크는 보편적 학습설계의 목적, 개념, 추구하는 학습자상, 보편적 학습설계 원리 및 원리에 따른 수업 전략 등으로 구성되어 있다. 보편적 학습설계 프레임워크를 통해 보편적 학습설계 수업에 대해 좀 더 구체적으로 이해해 보자. 프레임워크의 개요를 그림으로 나타내면 [그림 2-1]과 같다.

보편적 학습설계 실천을 위한 프레임워크는 보편적 학습설계의 개념과 세 가지 원리를 바탕으로 각 원리에서 추구하는 학습자상과 세 가지 원리를 실현할 수 있는 수업 전략을 포함했다. 수업 전략의 경우

---

6. 보편적 학습설계 수업을 보편적 학습설계 기반 수업, 보편적 학습설계 적용 수업, 보편적 학습설계에 기초한 수업, 보편적 학습설계를 반영한 수업, 보편적 학습설계의 원리를 적용한 수업 등으로 칭하기도 한다. 이 책에서는 간명성을 위하여 보편적 학습설계 수업으로 명명한다.

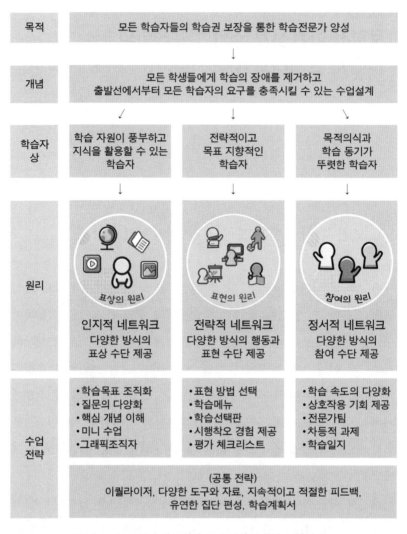

목적	모든 학습자들의 학습권 보장을 통한 학습전문가 양성

↓

개념	모든 학생들에게 학습의 장애를 제거하고 출발선에서부터 모든 학습자의 요구를 충족시킬 수 있는 수업설계

학습자 상	학습 자원이 풍부하고 지식을 활용할 수 있는 학습자	전략적이고 목표 지향적인 학습자	목적의식과 학습 동기가 뚜렷한 학습자

원리	표상의 원리	표현의 원리	참여의 원리
	인지적 네트워크 다양한 방식의 표상 수단 제공	**전략적 네트워크** 다양한 방식의 행동과 표현 수단 제공	**정서적 네트워크** 다양한 방식의 참여 수단 제공

수업 전략	•학습목표 조직화 •질문의 다양화 •핵심 개념 이해 •미니 수업 •그래픽조직자	•표현 방법 선택 •학습메뉴 •학습선택판 •시행착오 경험 제공 •평가 체크리스트	•학습 속도의 다양화 •상호작용 기회 제공 •전문가팀 •차등적 과제 •학습일지
	(공통 전략) 이퀄라이저, 다양한 도구와 자료, 지속적이고 적절한 피드백, 유연한 집단 편성, 학습계획서		

[그림 2-1] 보편적 학습설계 수업 실천을 위한 프레임워크

본 연구에 참여한 연구 참여자들이 수업에서 실제로 활용한 전략을 포함하여 프레임워크를 구성했다.

프레임워크에서는 보편적 학습설계의 원리에 따라 전략을 분류했으나 각 수업 전략은 교실 상황 및 학생에 따른 교사의 해석과 적용에 따라 다른 원리로 변형되어 적용될 수 있다. 예를 들어 학습선택판은 주로 학생들이 학습활동을 선택하도록 할 때 활용되므로 표현의 원리에 적합하다고 볼 수 있으나, 교사가 학생들의 학습유형에 따라 다양한 자료를 제공할 때 학습선택판을 활용한다면 표상의 원리로 볼 수도 있는 것이다. 실제 실행연구진의 수업 사례에서도 이런 경우를 쉽게 발견할 수 있었다.

2. 보편적 학습설계 수업의 목적, 개념과 학습자상

가. 보편적 학습설계 수업의 목적

보편적 학습설계 수업은 모든 학습자의 학습권 보장을 통해 학생들을 학습전문가로 양성하는 것을 목적으로 삼는다. 바꿔 말하면 보편적 학습설계에서 추구하는 이상적 인간은 학습전문가이다. 학습전문가는 자아성찰 및 다른 전문가, 동료로부터의 피드백을 통해 끊임없이 성장하고 발전하는 사람을 의미한다.Meyer et al., 2014

보편적 학습설계 수업에서는 모든 학생들이 학습전문가가 될 수 있다고 보고 있으며, 학생들이 단순한 지식이나 일련의 구체적 기술을 숙련하도록 돕는 것이 아닌 학습 자체를 숙련하도록 하여 전문가가 될 수 있도록 돕는 데 목적을 둔다.정주영, 2012 보편적 학습설계 수업에서 학생들을 학습전문가로 보는 이유는 학생이 획일적으로 주어지는 교육과정에 따라 일방적으로 전달되는 지식과 정보를 받아들이는 것이 아니라, 학습 내용, 학습 방법, 시기와 속도 등에 있어서 자신의 선택을 통해 학습을 주체적이고 자율적으로 이끌어 가기 때문이다. 이를 위해 학습자의 주도성과 자율성을 높이기 위해 학습 동기를 높이고 자기조절력을 키우는 부분도 중요하게 생각하면서 학습자를 전문가로 양성하고자 한다. 이는 학습자상 중 '목적의식과 학습 동기가 뚜렷한 학습자상'에서도 구체화되고 있다.[그림 2-1] 참조

나. 보편적 학습설계 수업의 개념

보편적 학습설계 수업은 모든 학생들에게서 학습의 장애를 제거하고 출발선에서부터 모든 학습자의 요구를 충족시킬 수 있는 수업이다. 학습과정에서 마주치게 되는 배움의 장애 요소를 제거하여 모든 학습자들의 요구를 충족하고, 이들이 모두 성장할 수 있는 수업을 의미한다. 학습자가 맞닥뜨리게 되는 가장 큰 장애는 평균의 횡포로 얼룩진 표준적인 교육과정이다. 왜 횡포인가? 특정 연령의 평균적인 학생을 상정하고 모든 학생들에게 동일한 학습 내용, 학습 방법, 시기, 속도, 순서를 강요하기 때문이다. 이러한 방식은 공부를 못하는 학생들뿐 아니라 평균을 상회하는 실력을 가진 학생들까지도 소외시킨다는 점에서 횡포라고 할 수 있다.

다. 보편적 학습설계 수업의 학습자상

보편적 학습설계에서 추구하는 이상적 인간은 학습전문가이며, 이들은 다음과 같은 특징을 가지고 있다.

첫째, 학습 자원이 풍부하고 지식을 활용할 수 있는 학습자이다. 학습전문가는 새롭게 학습하게 될 내용과 관련하여 상당한 수준의 기존 지식을 갖추고 있으며, 그 기존 지식을 분류, 조직, 우선 순위화함으로

써 새로운 지식을 완전히 이해한다. 어떤 기술과 자원(기존 지식)이 새로운 정보의 탐색 및 구조화 그리고 기억에 도움을 주는지를 알고 있으며 새로운 정보를 의미 있고 사용 가능한 정보로 만드는 방법에 대해서도 능통하다.

둘째, 전략적이고 목표 지향적인 학습자이다. 학습전문가는 학습계획을 수립하고, 학습을 최적화하기 위한 효과적인 전략과 전술을 찾아내고, 학습을 촉진하기 위한 정보와 기술들을 조직화하며, 자기 자신의 성장 정도에 대해서도 평가한다. 학습전문가는 학습자로서 자신의 장단점을 잘 알고 있기 때문에 비효율적인 계획과 전략은 사용하지 않는다.

셋째, 목적의식이 분명하고 학습 동기가 뚜렷한 학습자이다. 학습전문가는 새로운 것을 배우는 것을 좋아하고 배우던 것을 완전히 습득하기 위해 계속적으로 학습한다. 학습전문가는 학습할 때 목표 지향적으로, 자신의 수준에 알맞은 도전적인 목표설정, 설정한 목표를 달성하기 위해 노력과 융통성을 조절하는 방법, 성공적인 학습에 방해가 될 수 있는 감정들을 살피고 조절할 줄 아는 특성을 지닌다. 이처럼 보편적 학습설계 수업에서는 모든 학생이 학습전문가가 될 수 있다고 보고 있다.

3. 보편적 학습설계 수업 원리

이제 앞서 살펴본 보편적 학습설계 수업의 프레임워크에서 보편적 학습설계 수업의 원리와 수업 전략에 대해 살펴보도록 하자. 보편적 학습설계 수업에서 추구하는 학습자상을 갖추기 위해서는 보편적 학습설계의 원리를 적용하면 된다.

보편적 학습설계가 획일적인 교육과정을 제공하는 것에서 나아가 모든 학생에게 적합하면서 유연한 교육과정을 설계하는 것이라면, 이를 실질적으로 교육현장에 적용하는 데 지침이 필요하며, 그러한 지침이 보편적 학습설계의 가이드라인이다. 이러한 가이드라인은 ① 다양한 방식의 표상 수단 제공, ② 다양한 방식의 행동과 표현 수단 제공, ③ 다양한 방식의 참여 수단 제공이라는 보편적 학습설계의 세 가지 원리를 중심으로 구성되어 있다.〈표 2-1 참조〉

보편적 학습설계의 세 가지 원리는 뇌의 세 가지 신경 네트워크로부터 도출되었다. 뇌의 신경 네트워크는 학습하는 동안 뇌가 어떻게 작동하는지 이해하는 데 도움이 된다. 뇌의 세 가지 신경 네트워크는 다음과 같다.Hall, Meyer, & Rose, 2018

① 인지적 네트워크

인지적 네트워크는 우리가 보는 방식pattern을 감지하고 의미를 부여하는 데 특화되어 있다. 인지적 네트워크는 정보, 생각, 개념을 파악하고 이해할 수 있게 한다. 이것은 학습하는 '내용what'에 관한 것이다.

② 전략적 네트워크

전략적 네트워크는 주로 실행기능과 관련이 있으며 정신 및 운동 방식을 생성하고 감독하는 데 전문화되어 있다. 전략적 네트워크는 행동과 기술을 계획하고 실행하며 모니터링할 수 있게 한다. 이것은 학습하는 '방법how'에 관한 것이다.

③ 정서적 네트워크

정서적 네트워크는 우리가 보는 방식을 평가하고 감정적인 의미를 부여하는 데 전문화되어 있다. 정서적 네트워크는 과제 및 학습, 그리고 우리 주변 세계에 참여할 수 있도록 한다. 이것은 학습하는 '이유 why'에 관한 것이다.

세 가지 신경 네트워크는 보편적 학습설계의 세 가지 원리와 연결된다. 인지적 네트워크와 표상의 원리, 전략적 네트워크와 표현의 원리, 정서적 네트워크와 참여의 원리가 각각 연관된다. 세 가지 신경 네트워크는 명확하게 구분되지만, 학습과정에서 상호 긴밀하게 작용한다. 따라서 보편적 학습설계의 세 가지 원리는 구분되어 있지만 실제 학습과정에서는 통합적으로 작용한다. 이제 세 가지 원리에 대해 구체적으로 살펴보자.

가. 표상의 원리(인지적 네트워크): 어떻게 학습자들이 습득해야 할 지식을 '이해'하기 쉽게 제공할 것인가?

what? 학습하는 내용에 관한 것이다.

첫 번째 원리인 표상의 원리는 '다양한 방식의 표상 수단을 제공하는 것'을 의미한다.

표상의 원리는 "어떻게 학습자들이 습득해야 할 지식을 '이해'하기 쉽게 제공할 것인가?"에 대한 답을 제시하는 원리이다. 인포그래픽에 표현된 것처럼 표상의 원리는 학습하는 내용에 접근할 때 텍스트, 실물, 동영상, 그림 등 다양한 선택권을 제공하는 것을 의미한다. 어떤 개념에 대해 배울 때 자신에게 잘 맞는, 자신이 편하게 느낄 수 있는 방식으로 학습 내용을 선택하도록 하는 것이다.

표상의 원리는 앞서 살펴본 뇌의 신경네트워크 중 인지적 네트워크에서 도출되었으며, '무엇'을 학습하는가에 관한 것이다. '무엇'이란 정보가 어떻게 인식되고 이해되는지를 의미한다. 개인은 다양한 방식으로 정보를 인식하고 이해하기 때문에, 모든 학습자 혹은 개별 학습자의 요구를 충족시켜 주는 단일 표상 매체는 존재하지 않는다. 텍스트, 특히 인쇄물과 같이 융통성이 없는 매체에 대해 어려움을 겪는 사람이 있는 반면, 자막이 없는 오디오 트랙audio track을 이해하는 것을 힘들어하는 사람도 있다. 이처럼 각각의 학생은 개인의 독특한 경험과 배경지식을 갖고 있기 때문에 이해하는 데에서도 차이가 있다. 표상의 개인차는 다양하기 때문에 학생들이 배워야 할 것을 제시하거나 이를 가능하게 하는 하나의 올바른 방법은 존재하지 않는다.

따라서 표상의 원리를 구현한 인포그래픽처럼 학생들이 정보를 인식하고 이해할 때 책과 같은 인쇄물 이외에도 동영상, 지구본과 같은 실물, 그림 등 다양한 표상 수단을 제공해야 한다. 또한 교사와 학생이 교육과정의 내용에 접근할 때도 가장 적절한 방법을 결정할 수 있도록 충분히 유연성을 가져야 한다.

나. 표현의 원리(전략적 네트워크): 어떻게 모든 학습자들이 자신이 알고 있는 것을 가장 잘 표현하도록 할 것인가?

학습하는 '방법(how)'에 관한 것이다.

두 번째 원리인 표현의 원리는 '다양한 방식의 행동과 표현 수단을 제공하는 것'을 의미한다. 표현의 원리는 "어떻게 모든 학습자들이 자신이 알고 있는 것을 가장 잘 표현하도록 할 것인가?"라는 물음에 대한 답을 제시하는 원리이다.

표현의 원리는 뇌의 신경 네트워크 중 전략적 네트워크에서 도출되었으며 '어떻게' 학습하는지를 강조하고 있다. 학습은 정보 습득 이외에 자신이 학습한 것을 어떻게 표현하는지와도 관련이 있다. 학습자가 학습과제를 대하는 방식과 자신이 이해한 것을 표현하는 방식은 각 개인마다 크게 다를 수 있다. 일반적으로 교사는 학생들에게 학습한 내용을 표현할 때 글로 쓰거나 구술로 발표할 것을 요구한다. 하지만 표상의 원리를 구현한 인포그래픽처럼 학습 내용을 표현할 때 영상이나 그림, 축구 등과 같은 신체적 표현, 글쓰기 등 행동과 표현에 관해 학생들에게 다양한 선택권을 제공해야 한다.

다. 참여의 원리(정서적 네트워크): 어떻게 모든 학습자들이 수업에 참여하도록 할 것인가?

학습하는 '이유(why)'에 관한 것이다.

세 번째 원리인 참여의 원리는 '다양한 방식의 참여 수단을 제공하는 것'을 의미한다. 참여의 원리는 "어떻게 모든 학습자들이 수업에 참여하도록 할 것인가?"라는 물음에 대한 답을 제시하는 원리이다.

뇌의 신경 네트워크 중 정서적 네트워크에서 도출되었으며 '왜' 학습하는지를 설명하고 있다. 학습자에게 왜 학습하는지에 대해 동기를 유발하고 이를 지속할 수 있도록 하려면 다양한 선택권을 제공해야 한다는 것을 의미한다. 어떤 학생은 엄격한 규칙을 따를 때 학습이 잘 이루어지는 반면, 어떤 학생은 더욱 자발적인 것을 선호한다. 학생들은 자신이 배우고 싶은 것을 선택할 때 책임감을 느끼고 열심히 학습하기 때문에 그들에게 선택권을 제공해야 한다.

또한 효율적으로 학습이 이루어지려면 학생에게 도전과 지원이 적절히 균형을 이룰 수 있도록 해야 한다. 활동이 너무 어려우면 학생이 좌절할 수 있고, 이와는 반대로 너무 쉬우면 학생이 지루해할 수 있다. 인간은 자신이 할 수 있는 적합한 수준의 일을 할 때 동기가 극대화되는 경험을 하게 되는데, 이것이 어렵지만 관리 가능한 수준의 도전, 즉 골디락스 법칙Goldilocks Rule[7]이다. 지나치게 어려워서도 안 되고 지나치게 쉬워서도 안 되며, 일의 난이도와 자신의 능력이 적절한 접점에서 만나야 한다. 이때 어떤 일에 완전히 몰입flow할 수 있게 되고 재미를 느끼게 된다.Csikszentmihalyi, 1999 / [그림 2-2] 참조

　도전과 지원이 적절히 균형을 이룰 수 있도록 하려면 동료와의 협력 기회를 창출하고 특정 과제에 대해 대안적 도구와 스캐폴딩을 제공할 필요가 있다.

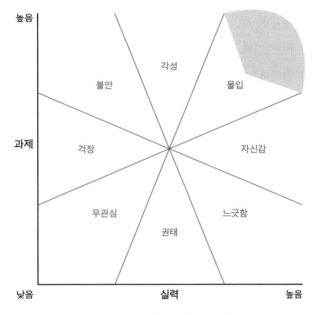

출처: Csikszentmihalyi(1999). p. 47.

[그림 2-2] 과제와 실력의 함수 관계에 따른 경험의 질

---

7. 골디락스 법칙은 도전이 관리할 수 있을 정도로만 어려울 때 동기는 최대가 된다는 것을 의미한다. 심리학 연구에서는 여키스-도슨 법칙(Yerkes-Dodson Law)으로 알려져 있다. 우리의 현재 능력에서 대략 4퍼센트 넘어가는 일을 할 때 몰입 상태에 돌입한다고 한다(Clear, 2019).

보편적 학습설계 수업의 원리와 앞서 살펴본 보편적 학습설계 수업에서 추구하는 학습자상을 각각 연관시켜 보자.[그림 2-1] 참조 첫째, 표상의 원리를 통해 학습 자원이 풍부하고 지식을 활용할 수 있는 학습자를 양성한다. 둘째, 표현의 원리를 통해 전략적이고 목표 지향적인 학습자로 양성한다. 셋째, 참여의 원리를 통해 목적의식과 학습 동기가 뚜렷한 학습자로 양성한다. 앞서 설명했듯이 보편적 학습설계의 세 가지 원리가 도출된 뇌의 세 가지 신경 네트워크는 명확하게 구분되지만 학습과정에서 상호 긴밀하게 작용하며 통합적으로 작용한다. 따라서 각각 구분된 세 가지 원리와 추구하는 학습자상은 학습과정에서 분리되어 존재하는 것이 아니라 통합적으로 나타난다. 예컨대 어떤 학생이 수학에서 분수에 대해 배울 때 표상, 표현, 참여의 원리가 모두 작용하여 학습이 이루어지며, 추구하는 학습자의 모습도 세 가지 상이 어우러져 나타나는 것이다. 이를 통해서 [그림 2-1]에서와 같이 학습자들이 통합된 학습자상을 통해서 학습전문가가 될 수 있는 것이다. 즉, 보편적 학습설계의 원리를 통해서 학습 자원이 풍부하고 지식을 활용할 수 있으며(표상의 원리), 전략적이고 목표 지향적이며(표현의 원리), 목적의식과 학습 동기가 뚜렷한(참여의 원리) 학습전문가로 성장할 수 있게 된다. 다음의 표는 앞서 살펴본 세 가지 보편적 학습설계의 원리를 구현할 수 있는 세부적인 방식과 가이드라인을 나타낸 것이다.

I. 다양한 방식의 표상 수단 제공	II. 다양한 방식의 행동과 표현 수단 제공	III. 다양한 방식의 참여 수단 제공
1: 인지 방법에 대한 다양한 선택 제공 1.1 정보의 제시 방식을 학습자에 맞게 설정하는 방법 제공하기 1.2 청각 정보의 대안을 제공하기 1.3 시각 정보의 대안을 제공하기	4: 신체적 표현방식에 따른 다양한 선택 제공 4.1 응답과 자료 탐색 방식을 다양화하기 4.2 다양한 도구와 보조공학(AT)기기 이용을 최적화하기	7: 흥미를 돋우는 다양한 선택 제공 7.1 개인적 선택과 자율성을 최적화하기 7.2 학습자와의 관련성, 가치, 현실성 최적화하기 7.3 위협이나 주의를 분산시킬 만한 요소들을 최소화하기
2: 언어, 수식, 기호의 다양한 선택 제공 2.1 어휘와 기호의 뜻을 명료하게 하기 2.2 글의 짜임새와 구조를 명료하게 하기 2.3 문자, 수식, 기호의 해독 지원하기 2.4 범언어적인 이해를 증진시키기 2.5 다양한 매체를 통해 의미를 보여 주기	5: 표현과 의사소통을 위한 다양한 선택권 제공 5.1 의사소통을 위한 여러 가지 매체 사용하기 5.2 작품의 구성과 제작을 위한 여러 가지 도구 사용하기 5.3 연습과 수행을 위한 지원을 점차 줄이면서 유창성 키우기	8: 지속적인 노력과 끈기를 돕는 선택 제공 8.1 목표와 목적을 뚜렷하게 부각시키기 8.2 난이도를 최적화하기 위한 요구와 자료들을 다양화하기 8.3 협력과 동료 집단을 육성하기 8.4 성취 지향적(mastery -oriented) 피드백을 증진시키기
3: 이해를 돕기 위한 다양한 선택 제공 3.1 배경지식을 제공하거나 활성화시키기 3.2 패턴, 핵심 부분, 주요 아이디어 및 관계 강조하기 3.3 정보처리, 시각화, 이용의 과정을 안내하기 3.4 정보 이전과 일반화를 극대화하기	6: 실행 기능을 위한 다양한 선택 제공 6.1 적절한 목표설정에 대한 안내하기 6.2 계획과 전략 개발을 지원하기 6.3 정보와 자료관리를 용이하게 돕기 6.4 학습 진행 상황을 모니터링하는 능력 증진시키기	9: 자기조절능력을 키우기 위한 선택 제공 9.1 학습 동기를 최적화하는 기대와 믿음을 증진시키기 9.2 극복하는 기술과 전략들을 촉진시키기 9.3 자기평가와 성찰을 발전시키기
학습 자원이 풍부하고 지식을 활용할 수 있는 학습자	전략적이고 목표 지향적인 학습자	목적의식과 학습 동기가 뚜렷한 학습자

출처: CAST(2011).

4. 보편적 학습설계 수업 전략

표상의 원리에 해당되는 수업 전략에는 학습목표 조직화, 질문의 다양화, 핵심 개념 이해, 미니 수업, 그래픽조직자가 포함된다. 다음으로 표현의 원리에는 표현 방법 선택, 학습메뉴, 학습선택판, 시행착오 경험 제공, 평가 체크리스트 등이 포함된다. 마지막으로 참여의 원리에는 학습 속도의 다양화, 상호작용 기회 제공, 전문가팀, 차등적 과제, 학습일지 등이 포함된다. 또한 하나의 원리에만 해당되지 않는 공통 실천 전략으로 이퀄라이저, 다양한 도구와 자료, 지속적이고 적절한 피드백, 유연한 집단 편성, 학습계획서 등이 포함된다.

수업 전략의 경우 맞춤형 수업이나 개별화 수업에서 사용하는 전략과 동일한 것도 다소 포함된다. 그러나 보편적 학습설계 수업은 수업 방법이 아니라 패러다임이라는 점에서 기존의 수업 방법을 활용하더라도 어떤 관점에서 활용했는지 관점의 전환이 중요하다. 또한 기존의 수업 방법을 아우를 수 있는 틀로 작용한다는 점도 고려해야 한다.

아래 표는 10명의 연구 참여자들이 일반 학급에서 보편적 학습설계 수업을 실천한 과정을 통해서 추출한 전략들을 정리한 것이다. 새로 개발된 중요한 전략은 음영으로 표시해 두었으며, 앞서 제시한 프레임워크에서 각 전략들을 매우 유연하게 사용할 수 있다는 것을 설명한 것처럼 실행연구진 역시 학교급 및 교과, 교사의 활용 역량에 따라 같은 전략도 다양한 버전으로 변형하여 활용했다. 따라서 여기에서 제시한 전략들은 한 가지 원리에 고정된 것이 아니라, 원리를 가로질러 활용되며 다양하게 변형, 수정이 가능하다는 점을 밝혀 두고자 한다.

〈표 2-2〉 실행연구를 통해 도출한 보편적 학습설계 수업 전략

원리	수업 전략	내용
표상의 원리	학습목표 조직화	전체-일부-소수로 학습목표 세분화하기
	질문의 다양화	학습자의 배경지식과 사전지식을 활성화하기 위한 학습자에 적합한 질문하기
	핵심 개념 이해	핵심 개념과 원리의 이해 돕기
	미니 수업	학습자의 이해를 파악하여 어려움을 겪는 학생들에 대한 교수-학습적 조치하기
	그래픽조직자	시각적 의사전달 도구 활용하기
표현의 원리	표현 방법 선택	학습자가 선호하는 방식의 표현 방법을 인정하기
	학습메뉴	주식(꼭 해야 할 것), 부식(선택할 수 있는 것), 후식(주식과 부식을 끝낸 이후에 하는 것)으로 제시하기
	학습선택판	학습자에게 선택의 기회를 제공하는 방법을 시각화하여 제공하기
	시행착오 경험 제공	학습의 선택을 통해 겪을 수 있는 학습과정의 어려움과 해결과정을 격려하기
	평가 체크리스트	자신의 학습과정을 모니터링하는 안내 제공하기
참여의 원리	학습 속도의 다양화	학습자의 배움의 속도에 대해 배려하기
	상호작용 기회 제공	다양한 주제와 진도로 이루어지는 수업에서의 학생-학생, 학생-교사 간의 다중 네트워크 형성 독려하기
	전문가팀	학습자가 원하는 주제를 허용하고 같은 주제를 선택한 학생들의 전문가그룹 형성하기
	차등적 과제	학생의 다양한 수준(준비도, 흥미 등)을 고려하여 조절 가능한 과제를 제시하기
	학습일지	자신의 학습을 되돌아보고 성찰 기회 부여하기
공통 실천 전략	이퀄라이저	학습자에 맞는 조절 버튼 제공하기
	다양한 도구와 자료	학습자에 맞는 매체와 도구 자료 제공하기
	지속적이고 적절한 피드백	개인에 알맞은 피드백을 명확하게 하기
	유연한 집단 편성	학습활동에 따른 집단구성의 선택 허용하기
	학습계획서	학습 스케줄, 시간운영 계획, 학습 체크리스트 등 활용하기

*각 수업 전략은 교실 상황 및 학생에 따른 교사의 해석과 적용에 따라 다른 원리로 변형되어 적용될 수 있음.

가. 표상의 원리에 따른 수업 전략

표상의 원리란 인지적 네트워크에서 도출된 것으로 모든 학습자를 만족시키는 단일 교수·방법론은 존재하지 않음을 의미한다. 따라서 인지적 학습을 지원하기 위해 다양한 표상을 제공하고 무엇(what)을 가르치고 배울 것인지를 융통성 있게 제공하는 것을 의미하며 학습목표 조직화, 질문의 다양화, 핵심 개념 이해, 미니 수업, 그래픽조직자가 이에 포함된다.

1) 학습목표 조직화

보편적 학습설계 수업에서는 학급 구성원을 전체-일부-소수로 구분한 후 각 학습자에 적합한 목표와 지원을 제공하고 있다. 여기서 '전체'란 모든 학생을 대상으로 하는 학습목표 및 활동을 의미한다. 그리고 '일부'는 전체 학생을 대상으로 하는 학습목표를 달성한 학생을 의미하며 전체 학생과 비교했을 때 더 많은 도전 과제와 지원을 제공받게 된다. 마지막으로 '소수'는 전체, 일부 학생들이 참여하고 있는 학습과제를 능숙하게 해결할 수 있는 학생 혹은 기본 학습을 할 때에도 지원을 필요로 하는 학생을 의미하며 능숙한 학생에게는 최상위의 도전 과제를 제공하고, 집중적인 지원이 필요한 학생에게는 별도의 과정을 지원한다.Gargiulo & Metcalf, 2017

2) 질문의 다양화

질문은 교수학습 과정에서 매우 중요하다. 학생들이 기존의 경험과 지식을 통해 지식을 활용하고 심화시켜 새로운 아이디어로 발전시킬 수 있게 해 주기 때문이다. 특히 보편적 학습설계 수업에서 교사는 개별 학습자의 수준과 특성에 맞는 질문을 유연하게 사용할 수 있어야 한다.

3) 핵심 개념 이해

학습자의 이해를 돕기 위해 교사가 가르치는 핵심 개념과 원리들을 확실히 하는 것은 매우 효과적이다. 수업에서 학습자들이 개념을 얼마나 잘 이해했는지에 대한 질문과 문제들이 제시되면 학습자들은 이해를 하려고 더욱 노력할 것이고, 이러한 개념과 원리들은 낱낱의 '사실'보다는 의미가 있기 때문에 보다 오래 기억될 수 있다. 예를 들어 동물의 범주를 암기하거나 공부하는 데 많은 시간을 투자하는 대신, 동물계의 유형을 공부하고 분류해 보는 과정을 통해 서식지나 다른 자료들로 미루어 특성들을 예견하는 방법을 배우는 것이다.

4) 미니 수업

학습 내용을 제대로 이해하지 못하는 학생들을 위해 교사는 미니 수업을 진행할 수 있다. 미니 수업은 학생의 이해 정도를 평가하여 그것을 바탕으로 교사가 학생들 중 일부에게 다시 가르치거나, 어떤 집단의 학생들을 가르치기 위한 다른 방법을 찾거나, 이해와 기술을 확장시키기 위해 다른 집단과 별도의 모임을 하는 것을 말한다. 특히 보편적 학습설계 수업에서 교사는 수업 과정 중에 학습자의 이해를 평가하여 어려움을 겪는 학습자를 위한 별도의 교수학습적 조치를 적기에 실시하여 모든 학습자들이 학습목표에 도달할 수 있도록 지원해야 한다. 미니 수업은 이때 활용하기에 매우 유용한 전략이다.

5) 그래픽조직자

그래픽조직자를 수업에 활용하는 목적은 새로 학습하는 내용을 이미 학습한 인지구조에 의미 있게 관련지어 학습이나 수업을 촉진하기 위해 시각적인 자료를 제공하는 데 있다. 대부분의 그래픽조직자들은 주어진 정보에 관한 효과적인 시각적 그림들로 구성되어 있어 숨겨진 유형과 관계를 파악할 수 있으며, 그래픽조직자는 크게 연결망, 개념지도, 모형도, 흐름도의 네 가지로 나누어 볼 수 있다.Gregory, Chapman, & McTighe, 2014

나. 표현의 원리에 따른 수업 전략

표현의 원리란 전략적 네트워크에서 도출된 것으로 학습자는 스스로 바람직한 학습 방법을 찾을 수 있기 때문에 학습자들에게 다양한 교수·방법론이 제공되어야 한다. 따라서 전략적 학습을 지원하기 위해 다양한 행동과 표현 수단을 제공하고 어떻게 학습할 것인지 그리고 알고 있는 바를 어떻게 표현할 것인지 융통성 있는 선택권을 제공하는 것을 의미한다. 표현 방법 선택, 학습메뉴, 학습선택판, 시행착오 경험 제공, 평가 체크리스트가 이에 해당한다.

1) 표현 방법 선택

보편적 학습설계 가이드라인의 다섯 번째 지침은 '표현과 의사소통을 위한 다양한 선택 제공'이다.〈표 2-1〉 참조 이는 학습자가 말, 그림 삽화, 영화, 디자인, 음악, 시각적 자료 등에서 다양하게 표현 방법을 선택할 수 있음을 의미한다. 이때 가드너Gardner의 다중지능 모형, 던과 던Dunn & Dunn의 학습 양식 모형[8]을 활용할 수 있다. 학생들의 학습 양식을 수업설계에 연계시키려면 우선 학생이 자신의 학습 양식을 이해하고 친숙해질 수 있도록 하는 것이 중요하다. 또 이러한 수업을 통해 학습자는 자신에게 효과적인 학습 방법을 발견하게 된다.

2) 학습메뉴

학습메뉴는 맞춤형 수업에서 많이 활용되는 전략으로 말 그대로 학습활동을 메뉴의 형식으로 제공하여 학생들이 선택하게 하는 것이다. 학습메뉴는 주식(반드시 해야 할 것), 부식(선택할 수 있는 것), 후식(주식과 부식을 다 끝낸 다음에 할 수 있는 것)으로 나누어 학습활동을 제공한다.

3) 학습선택판

학습선택판은 학습자에게 선택의 기회를 제공하고, 학습자의 만족감을 높이고 주어진 상황에 대해 자신이 통제할 수 있도록 선택의 가능성을 시각적으로 제시하는 가장 간단한 방법이다. 학습선택판은 자신의 흥미나 관심사, 학습 양식, 또는 학습 능력에 알맞은 학습활동을 선택하는 것으로, 맞춤형 수업 전략 중 하나이다. 아래는 다중지능에 의한 학습선택판의 예이다.

---

8. 던과 던(Dunn & Dunn)의 학습 양식 모형은 학습 양식을 청각적, 시각적, 촉각적, 운동감각적으로 분류한다. 청각적 학습자는 말로 하거나 들은 자료를 쉽게 받아들이고, 시각적 학습자는 보거나 읽은 정보로부터 잘 배운다. 촉각적 학습자는 자료를 조작하며 글쓰기나 그림 그리기를 통해 가장 잘 배운다. 운동감각적 학습자는 움직이며 공부하고, 신체적인 활동을 통해 가장 잘 배운다.

언어지능 1. 보고서를 준비한다. 2. 자신의 말로 다시 말한다.	논리수학지능 1. 비판적으로 평가한다. 2. 홍보를 위한 게임을 설계한다.	신체운동지능 1. 역할극으로 표현한다. 2. 무언극을 개발한다.
시공간지능 1. 만화를 제작한다. 2. 그림을 그린다.	자유선택	음악지능 1. 시를 쓴다. 2. 랩이나 노래를 만든다.
대인관계지능 1. 동료나 집단과 함께 활동한다. 2. 조사와 대화를 통해 해답을 찾는다.	자기이해지능 1. 일지를 쓴다. 2. 자신의 느낌과 생각을 써 본다.	자연탐구지능 1. 자연과 어떤 관계가 있는지 살펴본다. 2. 자연을 어떻게 활용했는지 찾아본다.

출처: 온정덕·변영임·안나·유수정(2018). p. 118.

[그림 2-3] 학습선택판

4) 시행착오 경험 제공

학습을 직접 선택하여 진행하는 과정에서 학습자는 뜻하지 않은 어려움에 직면하면서 자연스럽게 자신의 학습계획을 계속 수정해 나가는 경험을 하게 된다. 초반에는 학생들이 따라 할 수 있는 모델을 제시하여 같은 결과를 도출하게 할 수도 있지만 점차 학습 결과에 이르는 다양한 방법과 전략을 활용할 수 있는 경험을 제공하는 것이 중요하다.

5) 평가 체크리스트

보편적 학습설계 관점에서 효과적인 평가란 학습자의 성장에 초점을 둔 지속적 평가로 다양한 정보를 교사와 학생 모두에게 제공해 줌과 동시에 적극적인 피드백을 통해 학습자를 지속적으로 학습과정에 참여시킬 수 있도록 하는 것이다. 특히 보편적 학습설계 수업에서는 학생이 자신의 학습과정을 스스로 돌아볼 수 있도록 다양한 형식의 자기평가 방법을 활용한다.

다. 참여의 원리에 따른 수업 전략

참여의 원리란 정서적 네트워크에서 도출된 것으로 학습자를 과제에 참여시키는 것이 중요하다는 인식이 깔려 있다. 따라서 정서적 학습을 지원하기 위해 다양한 참여 수단을 제공하고 왜 학습하는지에 대한 동기를 생성하고 유지하기 위해 융통성 있는 선택권을 제공해야함을 의미한다. 이에는 학습 속도의 다양화, 상호작용 기회 제공, 전문가 팀, 차등적 과제, 학습일지가 포함된다.

1) 학습 속도의 다양화

보편적 학습설계 가이드라인의 일곱 번째 지침은 '흥미를 돋우는 다양한 선택 제공'이다. 이는 개인의 선택과 자율성을 최적화하기 위한 것으로 '학습 속도의 다양화'가 매우 효과적이다.

사실 교실에서는 학생들에게 가능한 한 많은 재량권과 자율권을 제공하려고 노력하지만, 가장 고려하기 힘든 점이 다양한 학습자의 속도에 맞추는 것이다. 수업시간에 다양한 읽기 자료와 학습 주제를 선택하고 결과물까지 원하는 것을 할 수 있도록 배려하지만, 결국 모든 학생들은 정해진 시간에 자신의 학습활동을 마치고 평가받게 된다.

보편적 학습설계 수업은 학습자가 자신의 배움의 속도대로 학습을 이어 갈 수 있도록, 학습자가 선택한 학습활동을 완성하는 데 필요한 시간까지 고려하여 모든 학생들이 학습에서 성공할 수 있도록 하는 데 그 목적이 있다.

2) 상호작용 기회 제공

학생들에게 명확한 목표와 역할을 부여하여 책임감을 가진 협력적인 학습 모둠을 만드는 것은 학습에서 매우 중요하다. 이를 위해 학습자들에게 도움이 필요할 때는 언제, 어떻게 또래 친구들이나 선생님께 도움을 요청해야 하는지 알려 주고, 친구들 간에 상호작용하고 도와주는 기회를 제공할 수 있도록 해야 한다. 같은 활동에 관심과 흥미가 있는 학습자들을 모둠으로 만들어 상호작용을 활성화시킬 수도 있으나, 보편적 학습설계 수업에서는 특히 모든 과정에서 개별 학생들 간의 상호작용 기회를 제공하려고 노력해야 한다.

3) 전문가팀

학생들의 흥미와 관심사를 살려 주는 좋은 방법 중 하나로 학생들을 중심으로 전문가팀을 구성하는 것이다. 예를 들어 'TV 방송의 역할'에 대해서 배울 때 교사는 학생들을 뉴스, 스포츠, 드라마, 연예오락, 시사교양 등의 다양한 세부팀으로 나눌 수 있다. 이때 학생들은 관심 있는 분야에서 활동할 수 있다. 각 전문가 팀은 관심 내용에 대해 심층 연구를 하여 발표함으로써 모든 학생들이 똑같은 학습 자료를 읽을 때보다 훨씬 역동적이고 기억에 오래 남는 수업을 할 수 있게 된다.

4) 차등적 과제

차등적 과제는 같은 내용의 학습과제를 복잡성의 수준으로 차이를 두어 학습자에 맞는 다양한 학습과제로 제공하는 것이다. 차등적 과제는 모든 학습자가 성취해야 하는 핵심 개념과 기능에 초점을 맞추어 동일한 학습목표를 달성할 수 있도록 하되, 개별 학습자의 학업 준비도와 수행능력의 수준 차이에 맞출 수 있는 전략이다. 차등적 과제 개발을 위해서는 주어진 과제가 학습에 필수적인 핵심 개념에 초점을 맞추고 있는지 확인하고, 다양한 수준의 학습자와 학습 양식을 고려하여 모든 학습자에게 적절한 도전이 될 수 있는 매력적인 학습과제 인지 확인해야 한다.

5) 학습일지

학습일지는 학습이 끝난 후, 수업시간에 배운 것을 학습자들이 정리하는 것으로 학습자들의 수업에 대한 논평이다. 수업에 관련된 것을 형식에 얽매이지 않고 자유롭게 모두 기록하는 것을 의미하는데 학습 내용과 과정, 학습자의 느낌을 통합시킬 수 있는 좋은 도구이다.

학습일지에는 수업시간에 미처 해결하지 못한 질문, 가정학습 과제, 그 외의 내용이 포함되어 있을 수도 있다. 학습일지는 학습자의 학습 능력 향상뿐 아니라 메타인지 활동에도 매우 긍정적인 효과가 있다. 또 학습자의 학습 능력을 관찰하는 중요한 자료가 되며, 학습자의 자유로운 아이디어 표현 공간이기도 하다.Tomlinson, 2009

라. 공통 수업 전략

실행과정을 통해 어느 하나의 원리에만 국한되지 않는 전략들을 공통 수업 전략이라고 정의하였다. 이퀄라이저, 다양한 도구와 자료, 지속적이고 적절한 피드백, 유연한 집단 편성, 학습계획서가 여기에 포함된다.

1) 이퀄라이저

이퀄라이저란 오디오를 들을 때 조절하는 이퀄라이저 버튼과 유사하다. 8개의 하위 영역을 각 학습자에게 맞추어 조절한다는 개념으로 오디오세트의 이퀄라이저 버튼을 조절하듯이 각 학습자의 특성에 맞추어 버튼의 위치를 조작하는 것을 의미한다.Tomlinson, 2009

특히 보편적 학습설계 가이드라인의 일곱 번째 지침은 '흥미를 돋우는 다양한 선택을 제공하라'는 것이다. 가능한 한 많은 재량권과 자율권을 제공하기 위해서는 학습자가 받아들이는 정도, 걸리는 시간이나 순서, 학습하는 상황과 내용 등 다양한 요소들이 고려될 수 있다.

또한 표상의 원리에서 다양한 정보를 제시하는 방법 역시 이퀄라이저를 활용할 수 있다. 이러한 이퀄라이저는 점점 지원을 줄여 나가는 방향으로 진행되어 학습자가 자기주도적으로 학습할 수 있도록 안내하는 역할을 하여 표현의 원리에도 역시 적용할 수 있는 전략이다.

〈표 2-3〉 이퀄라이저 활용 내용

구분	내용
정보, 아이디어, 학습 자료, 적용	원형적 ⇔ 변형적
표상, 아이디어, 적용, 자료	구체적 ⇔ 추상적
연구, 쟁점, 문제, 기능, 목표	단순 ⇔ 복잡
문제, 해결, 접근	일차원 ⇔ 다차원
적용, 전이	작은 도약 ⇔ 큰 도약
해결, 결정	구조화 ⇔ 자율화
계획, 설계, 점검	의존적 ⇔ 독립적
학습 속도, 사고 속도	느리게 ⇔ 빠르게

출처: Tomlinson(2009), p. 121을 바탕으로 수정.

이퀄라이저는 준비도에 따른 맞춤형 수업 전략 중의 하나이지만, 보편적 학습설계 수업에서는 개별 학습권, 즉 학생의 선택을 강조하면서 준비도뿐만 아니라 다양한 학습자의 개별 특성에 맞게 다각도로 활용될 수 있다.

2) 다양한 도구와 자료

다양한 도구와 자료의 이용이란 다양한 특성을 지닌 학습자를 배려하는 전략이다. 교사는 학습에서 어려움을 겪거나 혹은 배움의 속도가 빠른 학생, 나아가 모든 학생들을 위해 학습자가 이해하기 쉽고 선호하는 방식의 다양한 매체를 포함한 도구와 자료를 제공할 수 있다.

교실에서는 개별 학생의 다양한 특성으로 인해 학습에 어려움을 겪는 학생이 빈번히 발생한다. 예를 들면 다양한 읽기 수준의 학생들이 있는 교실에서 교과서의 내용으로 수업을 진행하게 되면, 읽기에 어려움을 겪는 학생이나 교과서의 내용에 관심이 없는 학생들에게는 어떤 학습도 이루어지지 않게 된다. 이때 다른 읽기 자료를 제공하거나 음성 자료, 영상 자료를 대안적으로 제시하는 융통성을 발휘한다면 모든 학습자의 참여가 이루어질 수 있다.

3) 지속적이고 적절한 피드백

보편적 학습설계 수업의 참여의 원리와 가장 관련된 전략으로 '어려움이 있을 때 인내하고 구체적인 지원과 전략을 사용할 수 있도록 피드백을 제공할 것'을 강조하고 있다. 특히 학습 성과에 대해 다른 학생들과 비교하기보다는 학생의 노력과 성장을 강조하는 피드백을 권장한다. 교사는 자주 그리고 적절한 시기에 명확한 피드백을 하는 것이 중요하지만, 주어진 피드백을 잘 활용할 수 있도록 반드시 긍정적 화법으로 말하는 것을 기본으로 해야 한다.김남진, 2019

교사는 개별 학생들의 학습과정에서 오개념이 발생하거나 학습의 방향을 놓치고 있을 때 적절한 피드백을 통해 학생들이 자신의 학습 목표를 달성하도록 촉진하는 역할을 해야 한다.

4) 유연한 집단 편성

보편적 학습설계 수업의 참여의 원리 중에 '지속적인 노력과 끈기를 돕는 선택 제공'이라는 측면에서 협력과 동료 집단을 육성할 것을 강조하고 있다. 유연한 집단 편성은 교사에 의해서도 학생들의 선택에 따라서도 이루어질 수도 있으며, 집단 활동 과제의 성격에 따라 의도적으로 또는 무작위로 편성될 수 있다.

5) 학습계획서

보편적 학습설계 수업의 가이드라인 중 여섯 번째 지침은 '자율적 실행기능에 따른 다양한 선택 제공'이다. 자율적 실행 기능, 즉 자기주도적으로 학습목표를 달성하기 위해서는 다양한 지침과 체크리스트, 스케줄 등을 제시할 것을 권장하고 있다. 또한 학습계획서 작성은 자신의 학습을 주도적으로 해 나가면서 학습 동기가 자연스럽게 상승한다는 점에서 표현의 원리와 함께 참여의 원리에도 해당된다.

제2절
보편적 학습설계 수업은
어떻게 학습격차를 없애는가?

1. 학습격차의 개념

학습격차가 무엇을 의미하는지 살펴보기 전에 우리가 많이 사용하는 교육격차의 개념부터 알아보자. 교육격차는 소득수준이나 사회계층에 따라 교육 성과에서 차이가 발생하는 현상을 말한다. 그런데 교육격차는 소득수준이나 사회계층 등 학교의 교육 통제가 불가능한 학교 외적인 요인에서 비롯되는 부분도 있지만 교육통제가 가능한 학교 내 요인에서 비롯되기도 하며, 학교 외적인 요인을 극대화하기도 한다. 교육격차에 영향을 미치는 학교 내적인 요인은 교사와 학생의 상호작용, 학생의 성취에 대한 교사의 기대, 학생의 정서와 학습준비도 등이 있다. 교육격차를 해소하려면 학교 외적인 요인을 통제하거나 보완할 수 있는 거시적인 대책도 필요하지만, 학교 내적인 요인에서 비롯되는 부분을 해결하기 위해서도 노력해야 한다. 후자에 해당하는 노력이 교육격차 해소를 위해 공교육 영역에서 적극적으로 개입해야 할 부분이며, 이를 통해 공교육의 의미를 찾을 수 있을 것이다.

학교 외적인 요인의 예를 들자면, 저소득층 학생들의 학업성취도

수준이 낮은 것은 향유할 수 있는 문화자본이 고소득층 학생보다 풍부하지 못하거나 학습이나 성장으로 연결될 수 있는 삶의 경험이 부족한 점 등이다. 이러한 문제를 해결하기 위해서는 저소득층 학생들에게 문화자본을 누릴 수 있는 기회를 바우처 형식으로 제공하고, 지자체나 교육청에서 무료로 문화자본을 향유할 수 있는 공간과 프로그램을 제공해 주는 방식 등으로 지원을 할 수 있다.

한편 학교 외적 요인, 즉 학생의 사회경제적 배경이나 가정환경 등의 요인이 학생의 학습 성취에 영향을 주기도 하지만 학습과정 자체, 즉 학습에 대한 동기부여, 학습준비도(사전지식이나 배경지식), 학습에 대한 흥미와 관심 등 학습과 직접적으로 관련 있는 부분에서 영향을 받기도 한다. 이를 학습격차라고 부를 수 있을 것이다. 즉 교육격차에서 학생의 사회경제적 배경이나 부모의 학습에 대한 물질적·정서적 지원, 사교육 요소 등 학교에서 통제할 수 없는 요인을 제외한 부분, 학생들의 학습과 직접적으로 관련이 있는 부분을 학습격차라고 보며, 이는 공교육에서 통제 가능하므로 학교와 교사가 더욱 주목해야 할 부분이다.

2. 학습격차의 발생 원인

학습격차가 학생들의 학습 성취에서의 격차를 의미하되, 교육격차보다는 학습과 직접적인 관련이 있는 부분이라는 것을 앞에서 언급했다. 그렇다면 학습격차는 왜 발생할까?

우선 '격차'가 존재한다는 것은 '서로' 벌어져서 동떨어져 있다는 것을 의미하는데, 이러한 개념에는 상대적인 비교의 개념이 포함되어 있다. 예컨대 격차는 학생들의 학업성취도에서 높은 수준의 학생들과 그렇지 못한 학생들 간의 차이를 의미하는 것이다. 이는 산업혁명 이후에 근대 교육이 도입되고, 학생들을 집단으로 보아 표준화교육을 하게 되면서 받아들여진 개념이다.

그러나 우리가 미래교육의 형태로 흔히 제시하는 개별맞춤형 교육을 한다면 다른 학생과의 비교는 의미가 없어진다. 즉 집단에 대해 동일한 교육과정을 가르치고 학습의 결과를 서열화하면서 저성취자의 경우 낙인을 찍기 때문에 격차라는 개념이 존재하게 되는 것이다. 교육과정에서 성취해야 할 표준적인 기준을 정해 놓고 이에 맞추기보다는 각자의 학습계획에 따라 학습과정을 개별로 진행하면서 이전보다 얼마나 성장한 것인지에 초점을 맞춘다면 격차라는 개념은 사라지게 될 것이다. 격차라는 용어 대신 이전의 수준보다 얼마나 성장했는지를 얘기하게 될 것이며, 얼마나 더 성장 가능한지 잠재 가능성을 논의하게 될 것이다. 또한 다른 친구들의 성적과 나의 성적을 비교하는 것이 아니라 나의 현재 수준과 더 성장해야 할 수준을 비교하며 내가 배워야 할 내용에서 아직 알지 못하는 내용의 차이에 주목하게 될 것이다.

학생들을 하나의 집단으로 묶고 그 집단 내에서 동일한 기준을 적용하여 서열화함으로써 그 차이를 격차로 규정하지 말아야 하는 이유는 무엇일까? 격차라는 용어를 사용하는 이면에는 격차의 책임을 학생들에게 돌릴 수 있다는 사실이 있다. 교사가 똑같은 내용을 가르쳤음에도 불구하고 수업을 따라오지 못하고 성취도가 낮은 것은 그 아이들에게 책임이 있다고 생각할 수 있는 것이다. 물론 앞에서 말했던 사회경제적 배경이나 가정환경, 학생의 유전적 요인 등 공교육의 노력으로 메꿀 수 없는 차이도 있다. 그러나 교사들은 학습격차를 학생들의 탓으로 돌리기보다 교육과정과 수업설계에는 문제가 없었는지, 학생들에게 친절한 교육이었는지 성찰해야 할 것이다.

정리하자면, 그동안 우리는 산업혁명 이후 표준화교육의 패러다임을 바탕으로 '평균'이라는 기준을 중심으로 따라오지 못하는 아이들을 향해 상대적인 시각에서 격차라는 개념을 논의해 왔다. 그러나 미래교육의 개별맞춤형 교육을 이야기하는 지금의 시점에서는 학습에 대한 동기부여나, 학습준비도(사전지식이나 배경지식), 학습에 대한 흥미와 관심 등을 총망라하여 아이들의 현재 학습 수준에서 얼마나 더 성장할 수 있을지에 주목하면서 미래 지향적인 시각으로 관점을 전환해야 한다. 다른 아이들보다 얼마나 동떨어져 있는지가 아니라 앞으로 얼마나 더 성장할 수 있는지 그 성장 가능성에 주목해야 한다. 전자에 주목한다면 학생들을 나무랄 수밖에 없지만, 성장 가능성에 주목한다면 교사는 학생의 성장과 배움을 촉진하는 촉진자로서의 역할을 수행할 수 있는 것이다. 학생들도 다른 사람들 모두와 똑같되 조금 더 뛰어나려고 기를 쓰는 대신에 최고의 자기 자신이 되기 위해 애쓰게 될 것이다.[Rose, 2018] 따라서 격차를 없애기 위해서는 '평균'의 획일적 잣대로 모든 아이들의 학업적 성취를 측정하지 말아야 한다. 또한 학습격차를 성적 중심이 아니라 역량 중심, 현재 자신의 수준과 미래의 성장 가능성 간의 차이로 바라보고 개별맞춤형 교육을 실시해야 한다.

3. 학습격차 해소 방안으로서의 보편적 학습설계 수업

교육과정을 상수常數로 놓고 학생들을 교육과정에 맞추도록 하는 것은 마치 그리스 신화에 나오는 프로크루스테스라는 도둑의 얘기를 연상시킨다. 그는 자신의 침대에 나그네를 눕혀 놓고 침대보다 키가 크면 남는 다리를 잘라 버리고, 침대보다 작으면 침대 길이에 맞춰 사람 몸을 늘여 버리는 방법으로 나그네를 살해했다고 한다. 우리는 그동안 침대에 사람을 맞추는 것처럼 비효율적이고 비합리적인 교육을 습관적으로 해 왔던 것인지도 모른다.

토드 로즈Todd Rose의 『평균의 종말』에는 체구가 정말 작은 여성인 캠벨 대위가 전투에서 승리한 얘기가 나온다. 평균적 조종사에 맞춰 설계된 조종석이 아니라 조종사 개개인의 들쭉날쭉한 측면에 잘 맞추는 항공기를 제작했기 때문에 승리했다고 한다. 토드 로즈는 킴 캠벨의 얘기를 통해 환경이 자신의 개인성과 잘 맞지 않으면(이를테면 조종석에서 팔이 잘 닿지 않아 조종하기가 힘들다면) 그 환경이 조종석이든 교실이든 간에 자신의 진정한 재능을 펼칠 만한 기회를 제대로 얻지 못한다고 말한다. 그러면서 그는 현재 공교육은 특정 연령의 평균적인 학생을 대상으로 학생들이 학습할 내용뿐 아니라 그 내용을 학습하는 방법, 시기, 속도, 순서에 대해서까지 정해 놓은 커리큘럼을 강요하고 있다고 비판한다. 그는 학년이나 연령에 고정되어 있는 교육과정이 아니라 개인별 능력과 속도에 맞추어 교육과정을 구성하는 것을 새 시대의 교육 모델로 제시한다.

그렇다면 어떻게 개별 학생의 학습준비도, 관심사와 흥미, 학습에서의 강점 등을 고려하여 교육과정을 구성할 수 있을까? 이와 같은 개별맞춤형 교육을 가능하게 하는 한 가지 방법이 바로 보편적 학습설계 수업이다. 앞서 살펴본 것처럼 보편적 학습설계 수업은 어느 누구도 교실에서 배제되거나 교사의 관심 범위에서 벗어나지 않고, 학생들의 능력 차이와 특성을 고려하여, 배움이 협력적으로 그리고 동시다발적으로 이루어질 수 있도록 구성하는 새로운 교육적 패러다임이다. 보편적 학습설계 수업은 학생들이 각자 자신의 현재 수준에서부터 학습을 시작할 수 있도록 학습 내용, 학습 방법, 시기, 속도, 순서 등에 대해 학생에게 선택권을 주고 자기 자신에게 가장 잘 맞는 학습 경로를 선택하여 자신의 진정한 재능을 펼치도록 하고 잠재 가능성을 실현할 수 있도록 하는 수업설계이다.

자신의 현재 출발선에서 학습을 시작하기 때문에 자신의 능력에 관계없이 설정된 '평균'에 맞추기 위해 기를 쓰지 않아도 되고, 평균에 미치지 못해 자신을 자책하거나 비하하지 않아도 된다. 평균을 강요하게 되면 오히려 열패감을 키우고 학습에 대한 무기력감만 안겨 주게 된다. 그러나 보편적 학습설계 수업을 하게 되면 자신의 현재 수준에서 출발할 수 있고, 자신에게 맞는 학습 수준에 따라 학습의 시기와 속도 등을 조절할 수 있기 때문에 공부가 두렵거나 스트레스의 원인으로 작용하지 않으며 배움의 기쁨과 몰입의 즐거움을 경험할 수 있게 된다. 아울러 학습하는 과정에서 학습자들이 습득해야 할 지식을 이해하기 쉽도록 학습 내용을 다양한 형태로 제공하고, 학습자들이 알고 있는 다양한 방법으로 표현할 수 있도록 하며, 모든 학습자들이 수업에 적극적으로 참여할 수 있도록 왜 배워야 하는지에 대해 설명하면서 학습 동기를 유발한다. 이를 통해 보편적 학습설계 수업은 모든 학생들을 최고로 만들어 주며[Rose, 2018], 학습에서 소외시키지 않게 된다. 보편적 학습설계 수업은 학습격차와 학습 소외 문제를 해결해 주는 방법으로서 충분히 역할을 수행할 수 있게 되는 것이다. 이것이 바로 학생 개개인의 학업성취 수준과 선호하는 학습 양식에 맞는 학습 기회를 보장하여 잠재능력을 개발할 수 있도록 하는 학습복지이다.

이처럼 보편적 학습설계 수업을 통해 학습격차를 해소하려면 학습격차라는 개념 자체가 존재하지 않도록 수업과 교육의 패러다임을 완전히 바꾸어야 한다. 학습격차라는 개념은 억지로 설정된 '평균'의 횡포에서 비롯되었다. 따라서 '평균'의 개념에서 벗어나 학생들을 동질한 평균적인 집단으로 바라보는 것이 아니라 학생 개개인에 따라 개별맞춤형 교육을 실천하면 학습격차라는 개념은 사라지게 된다.

그런데 이러한 패러다임 전환은 단순히 모두가 동일한 교육과정을 배우고 동일한 성취(이해도)에 도달해야 한다는 고정관념을 탈피해야만 학습격차라는 프레임에서 벗어날 수 있다는 것만을 의미하는 것은 아니다. 실제로 학생들이 각자 자신의 현재 수준에서부터 학습을 시작하고 자신에게 가장 잘 맞는 학습 경로를 선택하게 되면, 배움의 과정이 부담스럽지 않고 배움을 가까이하면서 자신의 수준에 따라 차근차근 학습 내용을 완전히 이해하고 배울 수 있게 된다. 마치 게임에서 한 단계씩 올라가면서 수준을 높여 가듯이 학습에서 성취가 이루어진다. 이를 통해 실제로 학습 소외 현상을 해결하게 되는 것이다. 다음 장에서는 학습격차를 해소하는 방법으로서의 보편적 학습설계 수업에 대해 보다 구체적으로 살펴보기로 하자.

Q & A

학습격차는 코로나19로 인해 실시하고 있는 온라인 수업에서 더 심각해지고 있는데, 온라인 수업에서도 보편적 학습설계 수업의 원리를 적용할 수 있나요?

　온라인 수업에서도 보편적 학습설계의 원리를 적용하여 보편적 학습설계 수업을 실천할 수 있다. 온라인 수업도 대면 수업과 똑같이 개별맞춤형 교육 환경을 조성하고, 비대면 환경에서도 동일한 방법을 적용하면 된다. 예컨대 수학 시간에 분수의 개념에 대해 설명한 후 기본 개념을 잘 이해한 아이들에게는 다음 단계인 더 심화된 내용을 풀어보도록 하고, 개념을 잘 이해하지 못한 학생들에게는 한 번 더 쉬운 예시를 들어 설명하면서 배움의 속도를 조절할 수 있다. 같은 시간에 배움의 양이 달라지면서 배움의 속도가 조절되는 것이다.

　또한 학생들이 스스로 학습 일정표를 통해 학습계획을 수립하고 자신들의 학습 속도에 맞추어 학습을 진행하고, 교사는 그 과정을 잘 지켜보면서 개별 피드백을 주면서 학생들의 학습을 지원할 수 있다. 만약 이해해야 할 학습 내용을 다 마친 학생이 있으면 온라인 수업에서 나가서 다른 활동을 하게 할 수도 있고, 남아서 다른 친구들의 활동이나 학습과정을 지켜볼 수도 있다. 국어 수업시간에 온책 읽기를 한 후 인물, 사건, 장소 등에 대해 탐구할 때에도 아이들의 학습준비도에 따라서 책 내용에 관련한 질문의 개수를 조절할 수 있다. 학습의 양과 속도를 조절하면서 자신의 학습 속도에 따라 학습할 수 있도록 환경을 조성해 주는 것이다.

개별맞춤형 교육적 요소와 함께 보편적 학습설계의 세 가지 원리를 온라인 수업에 적용하는 것도 필요하다. 개별맞춤형 콘텐츠를 제공하는 것만으로는 부족하기 때문이다. 2020년 교육부에서 전국 초등학교 1~2학년을 대상으로 제공하고 있는 AI 활용 초등수학 수업 지원 시스템인 '똑똑! 수학탐험대'의 경우 문제 풀이를 통해 개별 학생들의 수준을 진단하고 진단 수준에 따라 맞춤형 학습 콘텐츠를 추천, 제공한다. 자신의 현재 수준에서 출발하여 학습을 진행할 수 있는 것이다. 그런데 만약 학생들이 수학을 공부할 동기부여가 되지 않고 수학 수업을 받는 것에 부담을 느끼거나 두려워할 경우에는 어떻게 해야 할까? 개별맞춤형 콘텐츠를 제공하는 것과 동기를 부여하는 것은 별개의 문제이다. 따라서 보편적 학습설계의 원리, 특히 그중에서도 참여의 원리를 통해 학생들에게 동기를 부여하고 학습을 지속하고자 하는 의지를 불러일으키는 것이 필요하다. 온라인 수업을 실시하면서 가장 크게 부각되는 문제는 아무리 훌륭한 콘텐츠를 제공하더라도 학습자의 자기주도학습 능력이 뒷받침되지 않는다면 학습이 이루어지기 힘들다는 것이다. 또한 자기주도학습 능력은 학습 동기로부터 비롯된다. 따라서 온라인 수업에서는 특히 학습자에게 동기부여를 통해 학습에 대한 참여 의지를 높이고, 자기주도학습 능력 수준을 높여야 한다.

이처럼 온라인 수업에서도 개별맞춤형 교육적 요소를 제공하는 것과 동시에 보편적 학습설계의 원리를 적용할 수 있도록 해야 한다. 보편적 학습설계 원리 중 표상의 원리를 적용하여, 학습 내용에 접근할 때에도 텍스트뿐 아니라 동영상, 실물, 그림 등 다양한 학습의 원천source을 활용할 수 있도록 해야 한다. 학습 내용을 표현할 때도 다양한 선택권을 부여함으로써 표현의 원리도 적용할 필요가 있다. 무엇보다 참여의 원리를 적용하여 학생들에게 학습 동기가 부여될 수 있도록 학생들의 삶의 경험과 맥락을 학습 내용에 연결시켜 주어야 한다. 또한 패들렛padlet 등을 활용하여 온라인 수업 환경 속에서도 소그룹을 형성하고 협력할 수 있도록 협력적인 환경을 만들어 주는 것도 필요하다.

대면 수업과 비교할 때, 온라인 수업 환경이 교사와 학생의 상호작용이나 소통의 밀도와 활성도 면에서 수준이 떨어지는 것은 한계로 작용한다. 그렇지만 학습이 이루어지는 원리가 다르지 않으므로, 보편적 학습설계의 원리를 적용하여 충분히 온라인 수업을 실시할 수 있을 것이다.

3장

보편적 학습설계 수업 실천하기

제1절
보편적 학습설계 수업은 어떻게 이루어지는가?

1. 보편적 학습설계 수업 절차

이 연구에는 보편적 학습설계 수업을 실험적으로 실천할 교사를 모집하였고, 10명의 교사가 연구에 참여하였다. 연구에 참여한 교사들의 정보는 〈표 3-1〉과 같으며 이름은 가명을 사용하였다. 정보 중 과목은 보편적 학습설계 수업을 실천한 과목을 기재하였다.

〈표 3-1〉 교사 연구 참여자 정보

이름 (가명)	성별	학교급 및 학년	과목 (실천 과목)	교직 경력	이름 (가명)	성별	학교급 및 학년	과목 (실천 과목)	교직 경력
박형근	남	초1	국어	8년	박민서	여	초3	과학	19.5년
홍아정	여	초2	수학	22년	정라희	여	중1	수학	19년
민나현	여	초3	수학	11년	김지윤	여	중1	국어	24년
성기석	남	초3	사회	20년	이형준	남	중2	체육	5년
서주희	여	초6	과학	15년	고유진	여	중1	영어	17.5년

10명의 연구 참여자들이 직접 수업을 설계하고 실행한 과정을 바탕

으로 보편적 학습설계 수업 절차를 [그림 3-1]과 같이 도출하였다.

보편적 학습설계UDL 수업 절차는 크게 사전 단계와 수업실행 단계로 구분할 수 있다. 사전 단계에는 학습자 및 상황 분석과 교육과정 분석 단계가 포함된다. 수업실행 단계는 UDL 목표설정, UDL 수업계획, UDL 수업실행, UDL 평가 단계 등이 포함된다.⟨표 3-2⟩ 참조

먼저 사전 단계에 대해 살펴보자. 사전 단계 중 학습자 및 상황 분석이 이루어지는 단계에서는 학습자의 준비도, 관심사, 학습유형 등을 파악하는 학습자 특성 파악과 학습 환경 분석, 학습의 방해 요소를 확인하고 분석하는 것 등이 포함된다. 다음으로 사전 단계 중 교육과정 분석이 이루어지는 단계에서는 교육과정 문서를 확인하고 성취기준을 분석하여 학습 내용을 확인하고, 이를 바탕으로 교육과정을 조망하고 교육과정을 재구성한다.

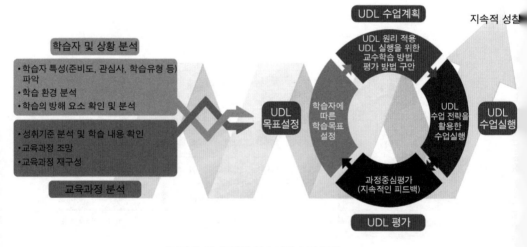

[그림 3-1] 보편적 학습설계 수업 절차

〈표 3-2〉 보편적 학습설계 수업 절차에 대한 단계별 세부 내용

구분	단계	내용		세부 내용
사전 단계	1	학습자 및 상황 분석	지속적 성찰	−학습자 특성(준비도, 관심사, 학습 유형 등)파악 −학습 환경 분석 −학습의 방해 요소 확인 및 분석
	2	교육과정 분석		−성취기준 분석 및 학습 내용 확인 −교육과정 조망 −교육과정 재구성
수업 실행 단계	3	UDL 목표설정		−학습자에 따른 학습목표설정
	4	UDL 수업계획		−UDL 원리 적용 −UDL 실행을 위한 교수학습 방법, 평 가 방법 구안
	5	UDL 수업실행		−UDL 수업 전략을 활용한 수업실행
	6	UDL 평가		−과정중심평가 −지속적인 피드백

　다음으로 수업실행 단계에 대해 살펴보자. 수업실행 단계에는 UDL 목표설정, UDL 수업계획, UDL 수업실행, UDL 평가 등이 포함되며 마지막 단계인 UDL 평가는 다시 UDL 목표설정에 영향을 주기 때문에 순환하는 과정을 나타내기 위해 순환모형으로 나타냈다. UDL 수업실행과 UDL 평가는 서로 영향을 주고받으며 유기적으로 연결되는 관계라는 것을 나타나기 위해 쌍방향 화살표로 표시했다. 이는 수업을 실행할 때 학습자의 학습과정에 주목하면서 어느 지점에 도달했는지 진단하는 과정과 수업실행 과정이 유기적으로 연계되어 있다는 것을 보여 준다.

　수업실행 단계 중 첫째 단계인 UDL 목표설정은 학습자에 따라 학습목표를 설정하는 과정을 의미한다. 국가교육과정에서 제시한 성취기

준을 확인하고 학생들의 수업 내용과 학생의 학습준비도에 적절한 목표를 수립하고 제시하는 단계이다.

둘째, UDL 수업계획 수립 절차는 UDL 원리를 적용하거나 UDL 실행을 위한 교수학습 방법, 평가 방법의 구안이 이루어지는 단계이다. 이때 사전 단계인 첫 번째 단계에서의 학습자의 방해 요소가 제거되었는지에 대한 점검이 함께 이루어져야 하며 학습자의 방해 요소를 최소화하는 방법으로서의 교수학습 방법과 평가 방법이 고려되어야 한다.

셋째, UDL 수업실행은 UDL 원리를 바탕으로 실질적인 수업이 이루어지는 단계이다. 이 단계에서는 무엇보다 효과적인 교수 방법들을 활용하여, 각각의 학습자에게 적절한 도전들을 적용하며 더 많은 학생들이 학습에 성공할 수 있도록 하는 데 중점을 두어야 한다.

마지막으로, UDL 평가는 과정중심평가와 지속적인 피드백이 이루어지는 단계로 학습목표의 달성도뿐 아니라 학습과정에 대한 적절한 피드백을 통해 학생들의 성장을 지원해야 한다.

2. 보편적 학습설계 수업 절차의 특징

본 연구에서 도출한 수업 절차는 실행연구 결과를 바탕으로 귀납적으로 도출한 현장밀착형 수업 절차이다. 기존의 보편적 학습설계 수업 절차가 통합학급의 장애아동을 위한 모형이나 방법에 머물러 있었다면, 본 연구에서는 일반 교육과정에서 통용될 수 있는 내용으로 개발함으로써 확장성을 기했다는 점에서 의미가 있다. 또한 학습자 및 상황 분석을 교육과정 분석 작업과 동시에 이루어지는 것으로 설정함으로써 학생중심교육 패러다임이 모형에 반영되어 있다.

학생중심교육 패러다임은 본 수업 절차에서 학업성취도를 기준으로 학생의 수준을 파악하거나 수준별 집단 분류를 하지 않았다는 점에서도 드러난다. 본 연구에서 도출한 수업 절차에서는 전체-일부-소수[9]로 나누어 학습목표를 조직화했지만 학생들을 집단별로 분류하지 않았고 학습목표에 따라 과제를 차등적으로 제시하여 과제의 선택권을 학생들에게 부여했다. 교사가 학생의 수준을 파악하여 결정하며, 학생의 도달 가능한 수준을 차별적으로 제시하는 수준별 수업과 달리 보편적 학습설계 수업에서는 학생의 잠재 가능성을 차별적으로 보지 않고 모든 아이들이 성취하고자 하는 목적에 도달 가능하다고 본다. 따라서 자신의 현재 수준에 맞는 수업 방법과 내용을 통해서 모든 학생들이 성취수준을 달성할 수 있다고 보았으며, 교사들은 학생들이 스스로에게 적합한 것을 선택할 수 있는 능력을 가지고 있다고 생각했다. 즉 본 연구에서 도출한 수업 절차에서는 학습자를 수준별로 차등적으로 파악하고 집단별 목표를 제시하는 것이 아니라 학습목표를 조직화하여 제시하되, 학습목표에 대한 선택권은 학생들에게 부여했다. 또한 학습목표에 따른 과제를 차등적으로 제시하더라도 이는 자신의 현재 수준에 맞는 내용을 학습함으로써 궁극적으로는 모든 학생들이 학습목표에 도달할 수 있다고 보고 있다는 점이 차별화되는 부분이다.

아울러 본 연구모형에서는 수업을 실행하면서 학습자가 학습과정

---

9. 이 책의 제2장 1절 표상의 원리에 따른 수업 전략 중 학습목표 조직화 내용(p. 54)을 참조하기 바란다.

중 어느 지점에 도달하였는지 진단하는 과정과 수업실행 과정이 유기
적으로 연계되어 있다는 것을 강조함으로써 성장중심평가와 학습으
로서의 평가Assessment as Learning의 개념을 반영했다.

　마지막으로 본 연구의 수업 절차에서는 수업계획-실행-평가 등 모
든 단계에 걸쳐 교사의 성찰이 지속적으로 이루어지고 있다는 것을
강조했다. 이는 보편적 학습설계 수업이 수업 방법이 아니라 관점이나
패러다임이라는 것에서 비롯된다. 지속적인 성찰은 단순히 수업 실천
과 관련한 방법에 대해 기능적인 개선을 추구하는 것이 아니다. 기존
의 틀과 실천을 내려놓고 수업과 자신의 존재, 그리고 교사로서의 역
할에 대한 의미를 새롭게 구성하면서 행동과 실천을 능동적으로 재구
조화할 수 있다는 점에서 보편적 학습설계 수업은 교사 전문성 개발
에도 기여할 수 있다. 또한 지속적인 성찰을 통해 교사들은 학교나 학
급, 학생의 특성에 따라, 또한 교과목의 특성에 따라서 정형화된 틀에
얽매이지 않고 학생의 잠재 가능성을 최대한 실현시킬 수 있다는 점
에서 여타의 수업 절차 모형과 달리 교사 스스로를 교육 주체 의식과
실험정신을 가진 수업전문가오욱환, 2013로서 활동할 수 있는 기반을 제
공해 준다고 할 수 있다.

제2절
보편적 학습설계 수업 실천 사례

 이 절에서는 모든 학생들의 잠재 가능성을 실현하고 공평한 학습 기회를 제공함으로써 학습복지를 실현하고자 했던 보편적 학습설계 수업 실천 사례를 초등학교 수학 수업과 과학 수업을 중심으로 살펴 보고자 한다.

 수업실행 과정은 [그림 3-1]의 수업 절차 모형에 나타난 수업 절차 과정, 즉 학습자 및 상황 분석과 교육과정 분석, 목표설정, 수업계획, 수업실행, 평가 등으로 구성되어 있다.

1. 학습격차를 줄이는 수학 수업[10]

 민나현 교사는 학생들이 수학에서 처음으로 어려움을 겪는 시점이 '분수'를 배울 때라는 것을 염두에 두고 초등학교 3학년 수학과 '분수 와 소수' 단원에 보편적 학습설계의 원리를 적용하기로 결정했다.

 일단 내용의 구성은 수학 교과의 순서를 따랐다. 2009 개정 교육과

---

10. 수학 수업 사례에서 사용된 자료는 부록에 실려 있다.

정의 '3-1-6. 분수와 소수' 단원과 2015 개정 교육과정의 '3-1-6. 분수와 소수' 단원 순서를 비교하니 크게 달라지지 않았고, 해외 교과서의 구성순서나 체계를 살펴본 결과 현재 사용하는 교과서 구성과 크게 다르지 않으며 학생의 발달단계에 따라 교과서 내용이 구성되어 있다는 것을 확인하였다. 우선, 일상생활의 친숙한 등분할 상황에서 전체가 '1'인 연속량을 똑같이 나누는 활동으로 등분할 개념을 이해하고, 이를 기초로 분수의 개념 알기, 다양한 상황에서 부분과 전체의 크기를 분수로 나타내기, 분모가 같은 진분수 크기 시각적으로 비교하기, 단위 분수끼리 크기 비교하기, 분모가 10인 진분수를 통해 소수한 자릿수를 이해하며 소수점을 사용하여 소수를 쓰고 읽는 법 알기, 길이를 나타내는 상황에서 대소수 이해하기, 소수의 크기 비교하기, 생각 수학, 잘 공부했는지 확인하기, 추가 수행과제 탐구 시간의 흐름으로 차시의 순서를 구성했다.

가. 학습자 및 상황 분석

민나현 교사는 학생들에 대한 다중지능검사 결과를 바탕으로 학생들의 강점 지능이 골고루 분포한다는 것을 알게 되었고 학습의 다양한 선택 활동에 다중지능을 고려하여 설계하기로 했다. 또 수학과에서는 선수 학습 정도가 이후 학습에 영향을 주므로 2학년에서 배운 칠교판으로 모양 만들어 보기에 관한 선수 학습 활동을 통해 학생들의 준비도를 확인해 보고 특별히 더 지원이 필요한 학생들을 파악했다. 특히 학생들이 초기 분수의 학습에 있어서 어려움을 느끼는 전체와 부분의 관계에 대한 오류를 확인하고 이에 대한 시범 및 그림, 실제 조작 활동을 통한 사전학습을 계획했다.

소수 부분에서는 오개념에 관한 기존 연구결과를 바탕으로, 소수점 아래 수가 많은 경우 더 큰 수라고 잘못 생각하는 경우가 있다는 것을 알게 되었고, 여러 상황의 예를 제시하고 반복 학습을 하도록 계획했다. 그리고 학생들이 분수와 소수 학습에서의 난개념과 오개념을 파악할 수 있도록 하고 그에 따른 지도 방안을 〈표 3-3〉과 같이 수립했다.

〈표 3-3〉 분수와 소수 오개념에 대한 지도 방안

영역	제재	오류 유형	지도 방안	보편적 학습설계 원리
분수	등분할 오개념	균등하게 나누지 못한다	시범 및 그림, 사례 제시, 실제 조작 활동	표상의 원리
	전체와 부분의 관계	전체와 부분을 잘 알지 못한다		
		부분을 보고 전체를 알지 못한다		
	단위 분수의 비교	단위 분수 분모의 숫자가 큰 수를 큰 수로 생각한다	단위 분수의 개념 그림을 통해 반복 지도, 실제 문제 해결	
소수	진분수와 소수의 관계	진분수와 소수의 관계를 이해하지 못한다.	그림, 수직선 등 다양한 방법으로 제시	표상의 원리
	소수의 크기 비교	소수점 아래 수가 많은 경우 더 크다고 생각한다	여러 상황의 예 제시, 반복 학습	

나. 교육과정 분석

2015 개정 교육과정의 내용을 살펴보면 3~4학년의 분수의 핵심 개념은 '수의 체계'이며 일반화된 지식은 "수는 사물의 개수와 양을 나타내기 위해 발생했으며, 자연수, 분수, 소수가 사용된다"라는 것이다. 따라서 자연수에서 분수, 소수로의 확장을 위해서는 등분할을 통한 분수 개념을 이해하고 전체와 부분의 관계를 분수로 나타내는 것이 가장 핵심이라는 것을 확인했다.

〈표 3-4〉 분수와 소수 단원 2015 개정 교육과정 내용 체계표

영역	핵심개념	일반화된 지식	학년(군)별 내용 요소			기능
			1~2학년	3~4학년	5~6학년	
수와 연산	수의 체계	수는 사물의 개수와 양을 나타내기 위해 발생했으며, 자연수, 분수, 소수가 사용된다.	• 네 자리 이하의 수	• 다섯 자리 이상의 수 • 분수 • 소수	• 약수와 배수 • 약분과 통분 • 분수와 소수의 관계	(수) 세기 (수) 읽기 (수) 쓰기 이해하기 비교하기 계산하기 어림하기 설명하기 표현하기 추론하기 토론하기 문제 해결하기 문제 만들기
	수의 연산	자연수에 대한 사칙계산이 정의되고, 이는 분수와 소수의 사칙계산으로 확장된다.	• 두 자릿수 범위의 덧셈과 뺄셈 • 곱셈	• 세 자릿수의 덧셈과 뺄셈 • 자연수의 곱셈과 나눗셈 • 분모가 같은 분수의 덧셈과 뺄셈 • 소수의 덧셈과 뺄셈	• 자연수의 혼합 계산 • 분모가 다른 분수의 덧셈과 뺄셈 • 분수의 곱셈과 나눗셈 • 소수의 곱셈과 나눗셈	

다. UDL 목표설정

분수 관련 성취기준의 하나인 [4수01-10]은 "양의 등분할을 통하여 분수를 이해하고 읽고 쓸 수 있다"는 것이다. 민나현 교사는 모든 학생들을 이 성취기준에 도달하도록 하기 위해 앞서 살펴본 표상의 원리에 따른 수업 전략 중 학습목표 조직화 전략을 적용하였다. 민 교사는 이 성취기준 자체를 모든 학생이 도달해야 할 기준으로 두었으며, 기본 학습을 마치면 '일부'의 목표를 "학생들은 분수를 이해하고 설명하며, 단위 분수를 설명할 수 있다"라고 정했다. 또한 분수의 개념을 완벽히 이해한 학생들은 분수 개념 및 단위 분수, 분수 크기 비교를 이해해 다양한 문제 해결 상황에 적용하거나, 문제 만들기 및 다른 친구에게 이와 관련된 도움을 줄 수 있도록 했다. 그리고 도움을 받아

야만 성취기준에 도달할 수 있는 소수의 학생들에게는 별도의 지원을 통해 학습을 이어가도록 했다.

〈표 3-5〉 UDL 목표설정

관련 단원	성취기준	차시	목표		
			전체	일부	소수
6. 분수와 소수	[4수01-10] 양의 등분할을 통하여 분수를 이해하고 읽고 쓸 수 있다. [4수01-11] 단위 분수, 진분수, 가분수, 대분수를 알고, 그 관계를 이해한다. [4수01-12] 분모가 같은 분수끼리, 단위 분수끼리 크기를 비교할 수 있다.	13	양의 등분할을 통하여 분수를 이해하고 읽고 쓸 수 있으며, 단위 분수를 알고 분모가 같은 분수와 단위 분수의 크기를 비교할 수 있다.	분수를 이해하고 설명할 수 있으며, 단위 분수를 설명하며, 이에 대한 응용 문제를 해결할 수 있다. 분수의 크기를 비교하는 여러 문제를 해결할 수 있다.	– 분수 개념 및 단위 분수, 분수 크기 비교를 이해해 다양한 문제 해결 상황에 적용하거나, 문제 만들기 및 다른 친구에게 이와 관련된 도움을 줄 수 있다. – 도움을 받아 분수 개념 및 단위 분수, 분수 크기 비교를 이해할 수 있다.
	[4수01-13] 분모가 10인 진분수를 통하여 소수 한 자릿수를 이해하고 읽고 쓸 수 있다. [4수01-15] 소수의 크기를 비교할 수 있다.		분모가 10인 진분수를 통하여 소수 한 자릿수를 이해하고 쓸 수 있으며, 소수의 크기를 비교할 수 있다.	소수 한 자릿수를 이해하여 능숙하게 문제를 해결하며, 소수 크기 비교의 적용 문제를 해결할 수 있다.	– 소수 한 자릿수 이해 및 소수의 크기 비교를 이해해 여러 문제 해결 상황에 적용하거나, 문제 만들기 및 다른 친구에게 이와 관련된 도움을 줄 수 있다. – 도움을 받아 소수 한 자릿수 이해 및 소수의 크기를 비교할 수 있다.

라. UDL 수업계획

민나현 교사는 UDL 목표를 설정한 후 UDL 원리 즉 표상의 원리, 표현의 원리, 참여의 원리를 아래와 같이 수업에 적용하고자 했다.

1) 표상의 원리: 학생의 이해를 돕기 위해 다양한 표상을 제공하는가?

분수에 대한 개념을 오감 play 활동[11]과 브루너의 EIS이론[12]에 따라 다양하게 인식할 수 있도록 제시했다. 촉각 및 조작 활동으로 '색종이 나누기', '종이띠 나누기', '분수 막대로 놀기' 등의 방법을 활용했고, 미각으로 '빼빼로 등 과자 나누기' 활동, 청각을 활용한 신체 놀이, 게임(눈치 게임, 땅따먹기 등)을 활용하여 분수 내용에 대한 이해를 높이고자 했다.

2) 표현의 원리: 학생이 학습 활동과 방법을 선택하도록 허용하는가?

학생들은 '전체', '일부' 활동을 한 뒤, '소수' 활동으로 수학 퀴즈 만들기, 학습지 풀기, 또래 선생님 활동, 생각 그물로 표현하기, 수행과제 관련 자료 정리하기, 구체물 조작 활동 및 책 읽기 등 다양한 선택 활동을 통해 학습에 적극적으로 참여할 수 있도록 했다. 수행과제도 학생들 스스로 만화 그리기, 함께 글쓰기, 실생활 물건 제작, 안내 책자,

---

11. 분수에 대한 개념을 신체 감각(시각, 촉각, 청각, 미각)과 놀이, 게임(Play) 활동을 통하여 쉽고 재미있게 이해하기 위하여 고안된 활동이다.

12. 교육학자 브루너(Bruner)는 모든 개념의 습득은 작동적(enactive) 양식, 영상적(iconic) 양식, 상징적(symbolic) 양식의 순서로 발달하기 때문에 효과적인 학습을 위해 교수-학습의 경로도 같은 순서로 다룰 것(윤자영, 2012)을 이야기했으며, 각 양식의 앞 영문자를 따서 브루너의 'EIS 이론'이라고 하였다. 민나현 교사는 이 양식을 순차적으로 따르기도 하지만 다양한 표상 방식을 고려한다는 차원에서 적용했으며, 몸과 행동으로 표현하는 양식, 이미지나 그림으로 표현하는 양식, 문자나 기호로 바꾸어 표현하는 양식으로 이해하고, 작동적 양식 차원에서 '오감 play' 활동을 적용했다.

역할극 등의 방법을 생각해 내고, 자신이 하고자 하는 바를 선택하게 하여 자신에게 맞는 다양한 표현을 할 수 있도록 구성했다.

3) 참여의 원리: 학생이 주도적으로 학습에 참여하도록 하는가?

자신의 학습을 조절하면서 선택할 수 있게 하는 '나의 학습 스케줄표'를 만들어 자신의 학습준비도, 유형, 흥미에 따른 선택이 이루어지게 했고, 학생 스스로 선택하면서 자기주도적인 학습과 참여뿐만 아니라 자기이해 및 성찰(모니터링) 활동도 함께 이루어지도록 했다. 학습에 어려움을 겪는 학생들을 위한 또래 선생님 활동도 이루어졌다. 속도가 매우 더딘 학생은 교사가 개별 지도를 하거나 다른 보조학습지나 도구를 제공하여 학습에 흥미를 잃지 않고 참여할 수 있도록 했다.

마. UDL 수업실행

먼저 단원의 흐름을 살펴보면, 최종 실행 단원의 '준비 및 계획' 단계에서는 수학 익힘책의 선수 학습 확인 활동 및 KWLA 차트를 통해 선수 학습 정도 및 학생들이 알고 싶어 하거나 궁금해하는 내용을 파악하고자 했고, 수행과제 안내 및 분수와 소수 단원과 관련된 수행과제 계획을 학생 스스로 세우게 했다. 분수와 소수 단원의 핵심 질문을 안내하고 이 질문의 답을 포함하는 수행과제 결과물을 마지막에 제출하는 것을 목표로 했다. 이를 위해 선택 학습 매뉴얼로 수행과제 활동을 필수가 아닌 선택 항목으로 제시하여 학생의 학습 진행에 대한 자기주도성을 높이고자 했다.

'교과 내용 탐구' 단계에서는 교과서 순서에 따라 내용을 다 함께 공부하되, 요리에서의 비율에 관한 이야기가 나오는 〈라따뚜이〉애니메이션을 활용한 스토리텔링과 더불어 학생들의 이해를 높이기 위해 다양한 표상 방식을 고려한 내용 제시로 수업을 진행하고자 했다. 브루너의 EIS 이론을 활용한 활동적-영상적-상징적 단계 또한 고려했고 아이들의 학습 수준에 맞춘 전체-일부-소수 활동과 이에 따른 선택활동이 진행되었다.

'평가 및 정리' 단계에서는 잘 공부했는지 알아보기, 수행과제 역할 자기평가 및 동료평가, 수행과제 추가 탐구, 발표 및 성찰 활동 순으로 진행했다.

〈표 3-6〉 UDL 수업실행 내용

단계	차시	교과 성취기준 및 주요 활동	교수-학습 내용
준비 및 계획	1	수행과제 계획 세우기	□ 단원 안내 - 사전 학습 정도 파악 - KWLA 차트 작성하기 □ 수행과제 안내(동생들에게 알려 주는 분수/소수 이야기) - 수행과제 구성 및 핵심 질문 안내 - 모둠/개인별 구성 - 수행과제 계획 세우기
교과 내용 탐구	2	[4수01-10] 양의 등분할을 통하여 분수를 이해하고 읽고 쓸 수 있다 (똑같이 나누어 보기/분수 알아보기 1. 2).	□ 사전 학습-칠교판 모양 만들기 재설명 □ 교과 학습(+〈라따뚜이〉스토리텔링 진행) - 일상의 한 개보다 작은 표현 살펴보기 - 똑같이 나누어 보기(전체-모둠-개인학습) *오감 Play 활동: 개별 학습 시(색종이 나누기 조작 활동) □ 선택 학습 진행 - 일부/소수 활동+나의 학습 스케줄 체크

교과 내용 탐구	3		□ 전 차시 학습 복습: 똑같이 나누어 보기 □ 교과 학습(+〈라따뚜이〉 스토리텔링 진행) – 전체에 대한 부분의 크기 알기 – 분수를 읽고 쓰기 *오감 Play 활동: 눈치 게임 활동(모둠 안 개별) □ 선택 학습 진행 – 일부/소수 활동+나의 학습 스케줄 체크
	4		□ 전 차시 학습 복습: 전체에 대한 부분 알기, 분수 읽고 쓰기 □ 교과 학습(+〈라따뚜이〉 스토리텔링 진행) – 부분을 보고 전체 알아보기 – 색칠한 부분과 색칠하지 않은 부분 분수로 나타내기 *오감 Play 활동: 텔레파시 게임 활동 (모둠 안 개별) □ 선택 학습 진행 – 일부/소수 활동+나의 학습 스케줄 체크
준비 및 계획	5	[4수01-11] 단위분수, 진분수를 알고, 그 관계를 이해한다. [4수01-12] 분모가 같은 분수끼리, 단위 분수끼리 크기를 비교할 수 있다(분모가 같은 분수의 크기 비교/단위 분수의 크기 비교).	□ 전 차시 학습 복습: 부분 보고 전체 알기 □ 교과 학습(+〈라따뚜이〉 스토리텔링 진행) – 종이띠/수직선/그림 등으로 비교해 보기 – 분모가 같은 분수 크기 비교하기 *오감 Play 활동: 땅따먹기 게임(짝꿍끼리) □ 선택 학습 진행 – 일부/소수 활동+나의 학습 스케줄 체크
	6		□ 전 차시 학습 복습: 분모가 같은 분수 크기 비교하기 □ 교과 학습(+〈라따뚜이〉 스토리텔링 진행) – 분수만큼 색칠하기: 단위분수 의미 이해하기 – 단위분수의 크기 비교하기 *오감 Play 활동: 빼빼로를 나누어라 (미션) □ 선택 학습 진행 – 일부/소수 활동+나의 학습 스케줄 체크

교과 내용 탐구	7	[4수01-13] 분모가 10인 진분수를 통하여 소수 한 자릿수를 이해하고 읽고 쓸 수 있다(소수 알기 1, 2).	□ 전 차시 학습 복습: 단위 분수의 크기 비교하기 □ 교과 학습(+〈라따뚜이〉 스토리텔링 진행) - 분모가 10인 분수를 소수로 나타내기 - 소수를 쓰고 읽고 표현하기 　*오감 Play 활동: 같은 분수-소수 찾기 게임(짝꿍끼리) □선택 학습 진행 - 일부/소수 활동+나의 학습 스케줄 체크
	8		□ 전 차시 학습 복습: 소수 쓰고 읽기 □ 교과 학습(+〈라따뚜이〉 스토리텔링 진행) 자연수와 소수로 이루어진 소수 알기 - 0.1의 수로 소수 알기 　*오감 Play 활동: cm 자 만들어 보기 □ 선택 학습 진행 - 일부/소수 활동+나의 학습 스케줄 체크
	9	[4수01-15] 소수의 크기를 비교할 수 있다(소수의 크기 비교).	□ 전 차시 학습 복습: 자연수와 소수로 이루어진 소수 알기 □ 교과 학습(+〈라따뚜이〉 스토리텔링 진행) 실생활에서 소수의 크기 비교하기 - 수직선에서 소수의 크기 비교하기 　*오감 Play 활동: 주사위 게임(주사위 던져 소수 만들기) □ 선택 학습 진행 - 일부/소수 활동+나의 학습 스케줄 체크
	10	분수와 소수 활용하기(생각 수학)	□ 전 차시 학습 복습: 소수의 크기 비교하기 □ 교과 학습(+〈라따뚜이〉 스토리텔링 진행) 누가 더 많이 먹었는지 비교하기 　*오감 Play 활동: 소수와 분수 카드 놀이 □ 선택 학습 진행 - 일부/소수 활동+나의 학습 스케줄 체크
평가 및 정리 활동	11	얼마나 알고 있는지 체크/수행과제 해결 및 성찰	□ 전 차시 학습 복습 □ 얼마나 알고 있는지 해결하기 □ 수행과제 역할 분담 체크 및 탐구 활동 실시
	12 - 13		□ 수행과제 탐구 활동핵심 질문의 내용 담아내기 추가 제작 활동 □ 수행과제 발표 및 반성

각 차시 수업의 일반적인 흐름을 살펴보면 먼저 '배움열기' 단계에서는 〈라따뚜이〉라는 영상을 활용한 스토리텔링으로 수업을 시작했으며 앞선 차시에서 어려움을 겪었던 오개념이나 난개념을 다시 한번 전체적으로 공부했다. 또한 수학적 호기심과 탐구를 위해 새로운 내용이 제시될 때 핵심 질문도 함께 제시했다.

'배움활동' 단계에서는 학습자를 전체-일부-소수로 나누어 자신에게 맞는 학습을 선택할 수 있도록 했다. 다양한 표상 양식을 제공하기 위해 전체 학습을 할 때는 수학 익힘책의 내용 요소를 오감 및 놀이활동을 통해 학습할 수 있도록 '오감 play 활동'을 적용하여 수업을 진행했다. 이와 맞물려 내용을 제시할 때는 브루너의 EIS 이론에 따라 작동적 활동(오감 play 활동)-영상적 활동(그림, 수직선 등)-상징적 활동(기호, 수식) 순서를 대체로 따르고자 했다.

또한 아래 표와 같이 학습목표 중 '전체'와 '일부'에 해당되는 기본 학습을 한 후에는 '소수'에 해당되는 학생들을 위해 심화 과제(선택 학습 매뉴얼) 학습 또는 보충학습을 할 수 있도록 했다.

배움활동 단계 중 개별 선택 학습 시[그림 3-3] 참조 각각 학습 속도가

〈표 3-7〉 전체-일부-소수 학습활동표

	전체	일부	소수	
학습활동/자료	수학책	수학 익힘책	선택 학습 매뉴얼 1. 추가 학습지(심화) 2. 수학 퀴즈 만들기 3. 실생활 적용 사례 알아보기 4. 배운 내용 생각그물로 표현하기 5. 관련 수학 책 읽기 6. 관련 내용 글과 그림으로 표현해 보기 7. 수행과제 관련-자료 정리하기 8. 색종이 또는 구체물로 조작해 보기	1. 교사/또래 선생님 도움 받아 수학책 기본 문제 해결(개별)-실제 자료 활용 2. 보충 동영상 활용

다른 학생들을 위해 '내가 선택하는 학습 매뉴얼'을 제공하여 해당 내용의 심화 또는 보충 활동이 이루어지도록 하였으며, 학습 스케줄표를 작성하여 선생님께 개별로 확인받고 학습에 대한 피드백과 코칭을 받는 활동도 동시에 이루어졌다.[그림 3-2] 참조 다인수 학급의 많은 학생들의 개별 진도를 확인하기 위해 '교사용 학습 상황표'도 작성하여 활용했다.[그림 3-4] 참조

'배움정리' 단계로는 다수의 학생들이 어려워했던 공통 문제를 함께 해결하면서 오개념을 바로잡는 활동과 함께 〈라따뚜이〉 애니메이션 스토리텔링으로 마무리 지었다.

날짜	학습 내용	잘 이해했어요 (○, △, ×)	수익	+)선택 학습	확인
	똑같이 나누어 보기		72~73쪽		
	전체와 부분의 관계 이해하기, 분수 쓰고 읽기		74~75쪽		
	주어진 분수만큼 도형에 나타내기, 부분을 보고 전체를 알아보기		76~77쪽		
	분모가 같은 분수의 크기 비교하기		78~79쪽		
	단위 분수의 크기 비교하기		80~81쪽		
	소수 알아보기 1 (분모가 10인 분수로 이해하기)		82~83쪽		
	소수 알아보기 2 (cm와 mm의 관계로 이해하기)		84~85쪽		
	소수의 크기 비교하기		86~87쪽		
	생각 수학				
	얼마나 알고 있나요				
	탐구-수행과제 해결 1				
	탐구-수행과제 해결 2				

[그림 3-2] 학생의 학습 스케줄

내가 선택하는 학습 매뉴얼	
1. 추가 학습지(심화)	2. 또래 선생님
3. 수학 퀴즈 만들기	4. 실생활 적용 사례 알아보기
5. 보충 동영상 보기	6. 배운 내용 생각그물로 표현하기
7. 관련 수학 책 읽기	8. 관련 내용 글과 그림으로 표현해 보기
9. 수행과제 관련-자료 정리하기	10. 색종이 또는 구체물로 조작해 보기

[그림 3-3] 선택 학습 매뉴얼

분수와 소수 학습 상황표(교사용)			
번호			
이름			
사전 학습	수		
	수익		
똑같이 나누어 보기	수		
	수익		
전체와 부분의 관계 이해하기, 분수 쓰고 읽기	수		
	수익		
주어진 분수만큼 도형에 나타내기, 부분을 보고 전체를 알아보기	수		
	수익		
분모가 같은 분수의 크기 비교하기	수		
	수익		
단위 분수의 크기 비교하기	수		
	수익		
소수 알아보기 1(분모가 10인 분수로 이해하기)	수		
	수익		
소수 알아보기 2(cm와 mm의 관계로 이해하기)	수		
	수익		
소수의 크기 비교하기	수		
	수익		
생각 수학	수		
	수익		
얼마나 알고 있나요	수		
	수익		
탐구 수행과제 해결	수		
	수익		

[그림 3-4] 교사용 학습 상황표

바. UDL 평가

평가에서는 교육과정-수업-평가 연계를 고려한 수업을 진행하고
자 했다. 이를 위해 '학습을 위한 평가'로 사전 학습 정도를 파악하기
위해 KWLA 차트 및 수학 익힘책 '공부할 준비가 되어 있나요'를 활
용했다.

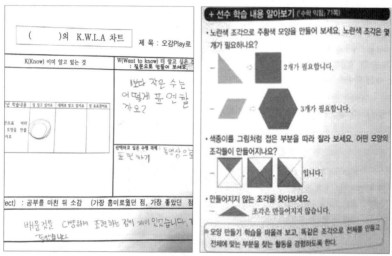

KWLA 차트(이미 알고 있는 것, 더 알고 싶은 것 파악, 왼쪽)와 수학 익힘책
'공부할 준비가 되어 있나요' 내용(오른쪽)

[그림 3-5] 사전 학습 상황 평가

이를 바탕으로 2학년 때의 오개념, 난개념을 파악하고자 했으며 단
원의 첫 도입시간에 어려워하는 부분을 다시 복습했다. 학습의 과정
중에 정해진 목표에 도달하도록 단계적으로 검토하는 형성 평가로서
는 자기 스케줄표 및 여러 선택 학습지 및 게임 활동들을 적용했다.
[그림 3-6] 참조

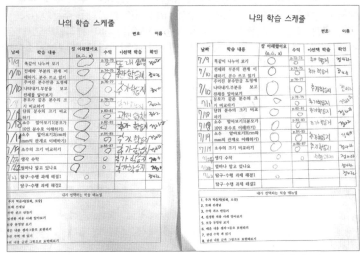

나의 학습 스케줄표(이해 정도를 ○, △, ×로 표시하게 함)

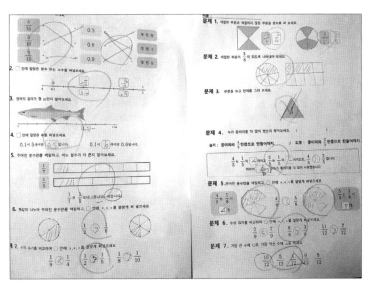

선택 학습지(형성평가 역할)

[그림 3-6] 형성평가 자료

- 핵심 질문: 1보다 작은 수는 어떻게 표현할 수 있을까? 수의 확장(분수, 소수의 사용)은 자연수만 사용하는 것에 비해 어떤 편리함을 주는가?(자연수만 사용할 때에 비해 분수와 소수를 사용하면 어떤 점이 편리할까요?)
- 세부 질문: 분수(소수)는 무엇일까? 단위 분수란 무엇인가? 분수(소수)의 크기를 어떻게 비교할까?

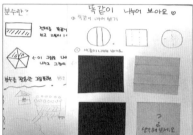

• 수행평가 결과물 1-분수 소개 책 만들기(핵심 질문 및 세부 질문에 답하면서 분수, 소수 소개함)

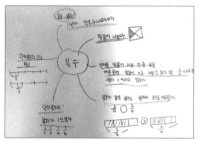

| • 수행평가 결과물 2(핵심 질문에 대한 답을 담고 있음) | • 수행평가 결과물 3(화채 만들기에 분수를 적용하여 설명함) |

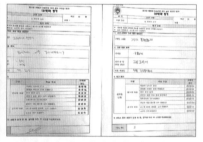

| • 수행평가 결과물 4(수학 글쓰기-분수 일기) | • 수행평가 후 자기평가(별표의 개수로 표시) |

[그림 3-7] 학생 수행평가 결과물

성적에 반영되는 수행평가는 수업 중에 선택활동 과정의 결과가 수행평가 결과물이 되거나, 별도의 수행평가 유형을 선택해 수행하는 방식을 안내하여 학생들이 자율적으로 정하도록 했다. 대신 실제로 알고 있어야 하는 개념, 원리, 기능이 아닌 부수적인 방법 측면만 부각되거나 흥미 위주의 평가 과제 활동이 되지 않도록 하기 위해 '핵심질문'을 제시하고 이 질문에 답하는 요소가 반드시 반영될 수 있도록 했다.[그림 3-7] 참조

수행평가 발표 후 피드백을 주고받은 뒤, 자기평가를 하고, KWLA 차트의 A(Affect)란에 공부를 마친 뒤 소감을 적도록 했다.

- 자기가 조절하면서 공부하는 것이 재미있었다. 선택하는 것이 좋았다.
- 배운 것을 다양하게 표현해 보는 활동이 좋았다.
- 문제, 퀴즈를 다음에도 또 내고 싶다.
- 분수를 여러 가지 방법으로 배우니 재미있었다.
- 과자로 분수 배우는 시간이 재미있었다.
- 분수 단원 여러 게임 활동도 재미있었다.
- 수학 시간이 재미있어졌다.

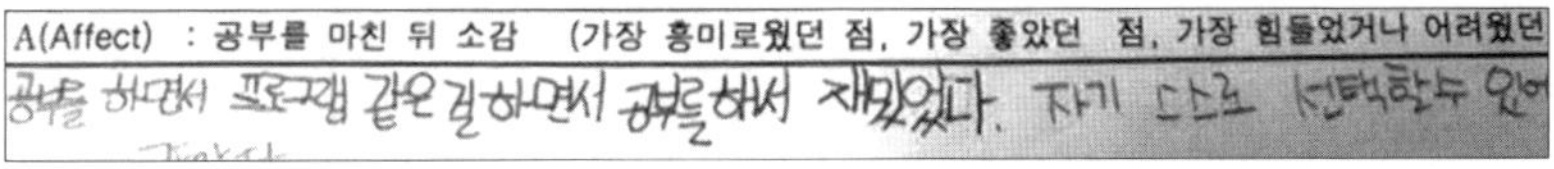
A(Affect) : 공부를 마친 뒤 소감 (가장 흥미로웠던 점, 가장 좋았던 점, 가장 힘들었거나 어려웠던

공부를 하면서 프로그램 같은 걸 하면서 공부를 해서 재밌었다. 자기 스스로 선택할수 있어

KWLA 차트의 A(Affect)란에 적힌 의견들

[그림 3-8] 학생의 자기평가

사. 성찰

민나현 교사는 보편적 학습설계의 원리를 적용하면서 자신의 수업에서 보편적 학습설계 수업의 원리가 제대로 구현되고 있는지 지속적으로 성찰했다. 또한 수학 교과의 특성상 수학의 개념과 원리 학습이 매우 중요한데 학습자의 특성을 고려한 선택 활동을 강조하게 되면서

중요한 것을 놓치게 되는 것은 아닌지, 교과 자체에 대한 내적인 동기가 아닌 부수적인 것을 통한 흥미가 아닌지 살피고 고민하는 모습을 보였다.

그런 부분에서 교과 내용 탐구 및 내재적 동기유발을 위한 질문의 필요성을 느껴 질문을 수업과 평가에 적용하고자 했으며 수학 교과의 PCK(교수내용지식)를 좀 더 알아보기 위해 노력하는 모습을 보였다. 더불어 선택 학습에서 우수한 학생들을 위한 심화된 내용을 적용할 방안에 대해 고민하는 모습을 보였다. 하지만 학생들이 스스로 과제 목록, 활동 방법을 생각해 내고, 부진한 학생들 또한 자신에게 맞는 방법을 선택함으로써, 학습에 주도적이며 적극적으로 참여하게 되는 모습, 학습자 속도와 수준에 따라 다르게 학습이 진행될 수 있다는 사실에 힘을 얻어 촉진자, 코치로서의 교사 역할에 대한 인식 변화뿐만 아니라 교사로서 성장과 기쁨을 느끼게 되었다.

2. 학습 동기를 부여하고
학생의 참여를 이끌어 내는 과학 수업

서주희 교사는 6학년 과학전담교사로서 5개 반에 수업을 적용했으며 적용을 하는 과정에서 지속적인 수정을 통해 최종 수업을 진행했다. 먼저 교육과정 분석을 통해 동물과 식물 이외의 생물이라는 성취기준을 분석했고, 전담 수업이라는 시간적 한계와 다양한 미생물을 경험하게 하는 것이 중요하다는 교사의 판단으로 생물의 종류대로 학습 내용과 과정을 균류, 세균류, 원생생물로 나누어 제시하여

<표 3-8> UDL 단원 계획

차시	활동	계획	비고
1~2	수업 방법 설명 다음 차시 수업계획 세우기	동물과 식물 이외의 생물 알아보고 어떤 종류 연구할지 선정(균류, 세균류, 원생생물 등) 균류 알아보기 계획	• 현미경 사용법을 비롯한 다양한 사전 소양 교육 실시 (※현미경 사용법을 교사가 알려 주지 않은 학급은 교사에게 도움을 요청하는 학생들이 있는 반면, 학생들 스스로 영상 자료를 찾거나 검색된 결과를 통해 학습하는 모습을 보이기도 했음) • 학급별로 다루는 미생물의 순서나 종류는 상이함

성취 기준	[6과04-01] 동물과 식물 이외의 생물을 조사하여 생물의 종류와 특징을 설명할 수 있다. [6과0402] 다양한 생물이 우리 생활에 미치는 긍정적인 영향과 부정적인 영향에 대해 토의할 수 있다.

차시	활동	계획	비고
3~5	균류 알아보기 정보 공유하기	원생생물 알아보기 계획 정보 공유하기	※이 차시를 통해 학생들의 학습 패턴 분석 및 구조화
6~8	원생생물 알아보기 정보 공유하기	세균 알아보기 계획 정보 공유하기	
9~11	세균 알아보기 정보 공유하기	첨단 생명과학 사례 조사 계획 정보 공유하기	

성취 기준	[6과04-03] 우리 생활에 첨단 생명 과학이 이용된 사례를 조사하여 발표할 수 있다.

차시	활동	계획	비고
12~13	첨단 생명과학 사례 조사하기 정보 공유하기		※실과 6. 친환경 농업과 미래 관련지어 학습할 수 있도록 함
14~15	'스마트팜'을 비롯한 첨단생명과학을 활용하여 미래의 변화상 예상하기	학급 발표회	
16~17	단원 정리 학년 발표회		지금까지 연구 결과를 학년에 공유 ※연구물 중 가장 자신 있는 것 학년 발표회 실시

내가 만드는 과학 수업

6학년 (   )반 (   )번 이름(   )

	책	검색	영상	직접 관찰	선생님의 설명	다른 방법	정리 방법은?
종류							
생김새							
번식 환경							
그 밖의 특징 ( )							
우리에게 이로운 점							
우리에게 해로운 점							
추가 연구 (선택사항)							

[그림 3-9] 구조화된 학습계획

학생들이 그 영역 안에서 스스로 계획을 세워 학습하도록 하는 것으로 수업을 17차시로 진행했다.

첫 주제인 진균류 학습을 통한 분석을 통해 교사가 [그림 3-9]와 같은 수행 모델(구조화된 학습계획)을 제시해 주었다. 처음에는 미생물의 종류별로 차시를 나누어 제시했으나 학습 단계가 반복됨에 따라 학생들이 서로 피드백을 하여 수정·보완할 수 있도록 [그림 3-10]과

내가 만들어 가는 과학 수업

6학년 (   )반 (   )번 이름(   )

1. 무엇을 알아볼 것인가요? 왜 선택했는지 이유가 있나요?

2. 어떤 내용을 어떻게(방법) 알아볼 것인가요? (어떤 내용을 알아볼 것인가요? 내가 궁금한 것, 또는 친구들이 궁금해할 만한 것을 잘 생각해봅시다. 우리 생활과는 어떤 관련이 있을까요?)

3. 모둠일 경우 나의 역할은?

4. 내 학습에 대한 스스로의 평가 방법은?

5. 알아보며 점점 더 궁금한 것? 또는 하면서 바뀌게 된 것?

[그림 3-10] 개방적 학습계획서([그림 3-9] 수정)

같이 학습계획서를 개방적인 형태로 수정했다.

학생들을 교사의 도움이 많이 필요한 하 수준의 '함께해요' 팀과 상 수준의 학생을 위한 별도의 학습이 가능하도록 '연구의 고수' 팀으로 분리했다. 또한 학생들의 다양한 학습 동기를 고취시키기 위해 표상 수단 중 가장 선호도가 높았던 영상을 활용하고, 생활에서 많이 접할 수 있는 학습 재료(식물, 곰팡이 등)를 적극 활용했다. 마무리는 학생들이 계획하여 실행한 결과물을 공유하는 시간을 갖고 서로의 학습이 보완될 수 있는 기회를 갖게 했다.

17차시 동안 실행해 본 첫 반의 수업 결과를 바탕으로 서주희 교사는 보편적 학습설계 수업과 관련하여 다음과 같은 내용에 대해 성찰하게 되었다.

첫째, 처음에는 미생물의 다양성에 중점을 두어 미생물의 종류별로 모든 학생들이 함께 알아보는 것으로 설계했으나, 학생들이 흥미가 떨어지는 것을 발견하고 학생들의 수준에 따라 원하는 미생물을 알아보는 것으로 수정했다.

둘째, 학습계획을 세울 때 구조화된 학습계획을 제시했으나 학생들이 서술 형식을 선호하여 개방적인 학습계획으로 수정했다.[그림 3-10] 참조 그리고 다양한 학생들의 특성을 반영하기 위해서는 학습계획 양식도 다양한 버전이 필요하다는 인식을 하게 되어 영상학습계획, 음성학습계획 등도 사용할 수 있도록 수정했다.

셋째, 학생들을 교사의 도움이 많이 필요한 '하' 수준의 '함께해요' 팀과 '상' 수준의 학생을 위한 별도의 학습이 가능하도록 '연구의 고수' 팀으로 분리하여 계획했으나 실행과정을 통해 교사가 처음에 의도한 인위적인 수준별 팀이 무의미하다는 것을 알게 되었다. 학생들이 미생물 종류 중 한 가지 또는 아주 세분화하여 구체적인 미생물 한 가지를 연구하다 보니 학습활동의 영역에 따라 자연스럽게 자신의 배움의 단계에 맞는 학습이 이루어지게 되었다.

가. 학습자 및 상황 분석

수업이 반복되는 과정에서 학생들에게 미생물의 종류별(세균류, 진균류, 바이러스류 등)로 학습을 하는 것이 학습 내용은 다르지만 학습과정이 계속 반복되고 미생물의 종류에 모든 학생이 흥미를 보이지 않기 때문에 오히려 집중도를 낮추고 학습에 흥미를 떨어뜨린다는 것을 알게 되었다. 이에 학생들이 미생물의 종류 중에 관심 있는 한 가지 주제를 선택하여 학습하는 방법으로 학습계획을 수정하여 적용했다.

나. 교육과정 분석

2015 개정 교육과정 문서에서 관련 성취기준을 확인한 후 수업을 설계했다. 동물과 식물 이외의 생물로 미생물에 대한 학습을 선정했으며 학습과정 중에 학생들이 스스로 조사하고 설명하는 역량을 습득할 수 있도록 설계했다.

〈표 3-9〉 단원 성취기준

성취 기준	[6과04-01] 동물과 식물 이외의 생물을 조사하여 생물의 종류와 특징을 설명할 수 있다. [6과04-02] 다양한 생물이 우리 생활에 미치는 긍정적인 영향과 부정적인 영향에 대해 토의할 수 있다. [6과04-03] 우리 생활에 첨단 생명 과학이 이용된 사례를 조사하여 발표할 수 있다.

다. UDL 목표설정

학습목표는 학생들 개개인이 설정했다. 교사가 학습 주제를 '동물과 식물 이외의 생물'로 제시해 주고 이에 따라 학생들이 스스로 자신의 학습목표를 설정하고 다양하게 학습 내용과 방법을 설계하여 학습할 수 있도록 했다. 학생들은 미생물과 관련된 주제와 학습 방법 및 결과물의 종류를 선정하여 스스로 학습목표를 설정했다.

[그림 3-11] 학생이 선정한 결과물의 종류 예시(영상, 프레젠테이션, 보고서)

라. UDL 수업계획

서주희 교사는 UDL 목표를 설정한 후 UDL 원리 즉 표상의 원리, 표현의 원리, 참여의 원리를 아래와 같이 수업에 적용하고자 했다.

1) 표상의 원리: 학생의 이해를 돕기 위해 다양한 표상을 제공하는가?

학생들의 다양한 학습 동기를 고취시키기 위해 표상 수단 중 가장 선호도가 높았던 영상을 활용하기도 하고, 생활에서 많이 접할 수 있는 학습 재료(식물, 곰팡이 등)를 활용했다. 특히, 학생들 스스로 본인들이 선택한 표상 수단을 활용했다.

2) 표현의 원리: 학생이 학습 활동과 방법을 선택하도록 허용하는가?

조사하고 싶은 미생물의 종류와 학습 방법과 학습 결과물의 종류 및 평가까지 학생들이 선택할 수 있도록 했다. 학습 방법의 경우 학습계획을 작성할 수 있는 틀을 제시했으나 학생들이 의외로 틀에 대한 거부감[13]이 있는 경우가 많아서 자신들이 원하는 형식으로 계획을 세울 수 있도록 했다. 영상이나 음성계획, 글로 이루어진 계획서 등의 학습계획을 서로 공유하여 보완할 수 있는 기회를 제공했다.

3) 참여의 원리: 학생이 주도적으로 학습에 참여하도록 하는가?

학생들이 학습계획을 세우면서 스스로 평가기준을 마련하여, 자신의 평가관점에 맞추어 학습에 참여할 수 있도록 했다. 대부분의 학생들이 참여도와 보고서 작성의 완성도를 대표적인 평가 방법으로 설정했다.

마. UDL 수업실행

서주희 교사는 처음 수업을 시작할 때는 미생물의 다양성에 중점을 두어 미생물의 종류별로 모든 학생들이 함께 알아보는 것으로 설계했으나, 전담교사로서 수업을 거듭하면서 학생들이 심도 있게 한 가지에 대해 알아보는 것이 몰입도를 높이고 흥미를 갖게 하는 데 더 효과적이라는 것을 확인할 수 있었다. 이에 학생들의 수준에 따라 두세 가지의 미생물을 알아보는 경우도 있고, 한 가지만 깊게 학습하는 경우도 있었다. 이런 과정을 통해 사전에 교사가 미리 한계를 지어 제시해

---

13. 표로 제시된 틀을 어려워하는 것으로 보아 표를 작성하는 것이 힘들거나 표를 해석하는 것이 힘들었기 때문으로 유추된다.

<표 3-10> UDL 수업실행 내용

차시	활동	보편적 학습설계 원리	비고
1~2	생물의 분류 알아 보기 미생물의 종류 알아 보기 알아보고 싶은 미생 물 정하기	표상의 원리	• 현미경 등 보조 도구에 대한 학습 배제 • 다양한 방법으로 생물을 분 류하고, 또 미생물들이 무엇 이 있는지 알아보게 함
3~10	선택한 미생물 알아 보기 친구들과 공유하기 (포스트잇에 글로, 또는 말로 피드백 받기) 보충하기	표현의 원리	• 개인과 모둠을 다 경험해 보 고 자신이 선택하게 한 반의 경우에도 학생들이 스스로 무엇이 더 본인의 역량을 드 러내는 데 효과적인지 인지하 지 못함 • 학생별로 한 가지, 또는 그 이 상을 알아보는 활동으로 수 준별 학습이 가능하도록 함
11~14	다양한 방법으로 공 유하기(발표, 게시, 영상 틀기 등)	참여의 원리	• 수행모델(학습 방법 구조화 된 것)을 앞서 수행한 학급 내용을 정리하여 제시해 주었 지만 대부분의 학생들이 선택 하여 사용하지 않음 • 총 10차시에서 학급별로 증감
15	미생물 간식 파티 (미생물이 연관되어 있는 간식 준비하여 관련 미생물에 대해 이야기 나누기)	참여의 원리	

주는 것보다 스스로 길을 찾아가도록 허용할 때 학습이 확장되는 것을 알게 되었다.

이 단원에서는 미생물의 종류를 먼저 알아보고 자신이 공부하고 싶은 미생물을 정할 수 있도록 했다. 그리고 자신이 선택한 미생물을 다양한 방법으로 친구들에게 공유하고 마지막 마무리는 학생들의 삶과의 연계를 높이기 위해 미생물과 관련된 간식을 준비하여 미생물 간식 파티를 했다. 수업실행 내용은 〈표 3-10〉과 같다.

첫 수업에서는 학습계획을 세울 때 학생들이 자신의 학습활동을 선택할 수 있도록 수행 모델(구조화된 학습계획[그림 3-9] 참조)을 제시했으나, 학습 코칭의 과정에서 대다수의 학생들이 표로 제시된 형식에 거부 반응이 있다는 것을 알게 되었다. 이에 서술형으로 양식을 수정하여 개방적인 학습계획을 만들어 활용했다. 물론 이 이외에도 다양한 형식과 방법으로 학습계획을 세울 수 있도록 했다. 또한 학습을 하면서 학생들이 수정해서 완성해 갈 수 있도록 계획서에 관련 내용을 더 삽입했다.[그림 3-10] 참조

또한 개인, 모둠 학습 선택을 포함한 다양한 학습 방법을 허용함으로써 교사가 처음에 의도한 인위적인 수준별 팀이 무의미하다는 것을 알게 되었다.

학생들이 관심을 가지는 구체적인 미생물 한 가지를 연구하다 보니 다 학습하고 나면 다른 주제와 저절로 연계되어 다른 미생물에 대한 연구 활동을 하는 모습을 통해 학습활동의 깊이가 깊어지고, 학습활동의 영역에 따라 자연스럽게 자신의 준비도와 관심에 따라 학습이 이루어지게 되었다. 대신 교사는 다양한 발문을 통해 학생들이 학습의 방향성을 바로잡고, 효율성을 높일 수 있도록 수업 전반에 걸쳐 다

양한 코칭 활동을 하여 각 학생들이 개별적 수준에 맞는 학습이 이루어질 수 있도록 했다.

학생들이 계획하여 실행한 것들은 공유하는 시간을 갖고 서로의 학습이 보완될 수 있는 기회를 갖게 했고 공유의 방법 역시 학생들이 자유롭게 선택하도록 했다. 보고서를 게시하는 방법, 프레젠테이션을 직접 하는 방법, 제작한 영상을 상영하는 방법, 교사가 대신 읽어 주는 방법 등 다양한 방법으로 발표가 진행되었다.

또한 공유의 시간 역시 정해진 시간이 아니라 학습이 마무리되는 시점에서 자연스럽게 공유할 수 있도록 했고, 학급 내에서뿐만 아니라 과학실 벽면을 활용하여 결과물을 게시하여 다른 반 학생들의 학습 내용도 공유할 수 있도록 했다.

바. UDL 평가

학생들이 구조화된 학습계획을 세우면서 학생 스스로 평가기준을 수립하도록 했다. 그리고 자신의 평가기준이나 계획에 따라 학습활동을 하도록 했다. 학생들은 학습계획을 세우면서 스스로 마련한 평가기준에 따라 포스트잇에 자기평가 문항을 만들어 평가를 실시했다. 또한 공유의 시간을 통해서 학생들이 서로의 연구물을 보면서 연구물에 대해 더 궁금한 것이나 보완되어야 할 것, 또는 잘된 점을 칭찬하면서 동료평가를 실시했다. 학생들은 동료 피드백 결과를 보고 지속적으로 수정 보완을 하면서 학습이 더 심화될 수 있었다. 교사의 지속적인 코칭 및 동료들의 다양한 피드백을 통해서 학습을 지속적으로 발전시킨다는 것을 확인할 수 있었다.

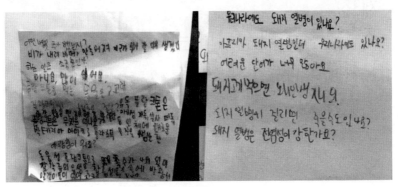

[그림 3-12] 동료평가 내용

사. 성찰

서주희 교사는 수업을 설계하면서 학생들의 동기유발이 그 무엇보다 중요하다고 생각했는데, 수업을 통해 학생들이 가장 관심을 많이 갖는 주제를 선택하여 학습하는 것 자체가 동기유발이 될 수 있다는 것을 알게 되었다.

아울러 보편적 학습설계 수업을 하면서 학생들이 스스로 계획하고 학습하는 과정에서 더 깊이 있는 학습이 가능하다는 것을 알게 되었다. 또한 교사의 역할은 정리해 주며 학습을 완성시키는 것이 아니라 수업 동안 지속적인 코칭을 통해 학생들이 학습을 진행할 수 있도록 도와주는 것이 중요하다는 것을 알게 되었다. 서 교사는 보편적 학습설계 수업을 통해 교육활동에서 교사가 수업을 준비하고 이해시키고 평가하는 역할이 아니라 다양한 코칭 활동을 통해 학생 스스로 학습을 주도할 수 있도록 돕는 조력자가 되어야 한다는 것을 느끼게 되었다.

제3절
수업 실천 속에 나타나는
보편적 학습설계의 원리

1. 실천 교사들이 느끼는 보편적 학습설계 수업

보편적 학습설계 수업을 실천한 10명의 교사들은 수업 실천 후 보편적 학습설계 수업을 보자기, 도움닫기, 줄탁동시 등과 비교하면서 자신이 느끼는 수업에 대해 얘기하였다.

가. 보자기: 모든 아이를 감싸 안는 교육

교사들은 보편적 학습설계가 한 명의 아이도 포기하거나 소외시키지 않는 교육을 가능하게 하는 기제가 될 수 있다고 이야기했다.

기존 수업에서는 교과서의 진도가 중요했기 때문에 개념에 대해 이해하지 못한 학생들도 진도를 따라가야 했다면, 보편적 학습설계 수업에서는 자신의 배움의 수준과 속도에 따라서 단계를 밟아 나갈 수 있어서 모든 학생을 배려한 수업이 가능하다는 것이다.

교사들은 이처럼 모든 학생들의 배움의 수준과 속도를 고려하는 보편적 학습설계 수업을 모든 학생을 감싸 안을 수 있는 보자기와 같은 것이라고 인식했다.

저는 보편적 학습 설계가 보자기 같다는 말이 와닿더라고요. 모든 아이를 다 데리고 가는, 감싸 안는 교육이라는 것이 이런 것이지 않나 싶었어요. 한 명도 빠지지 않게. 그래서 조금 더 책임감 있게 교과 내용을 빠뜨리지 않고 다루려고 했고… 오개념이나 난개념에 대해서 안내를 해 주려고 했었던 것 같아요. _민나현 교사

교사들은 한 반의 모든 아이를 다 데리고 갈 수 없었고 진도에 따라오지 못하는 아이들을 외면할 수밖에 없어서 느꼈던 그간의 괴로움과 교사로서의 책무성을 다하지 못했다는 자괴감으로부터 해방될 수 있었다고 이야기했다.

제가 옛날 같으면 우리 ○○를 엄청 미워했을 거예요. '너는 왜 그것도 못해!'라고 했을 텐데 아이들을 보는 관점이 바꼈어요. 개별로 확인하고 선택하게 해서 애를 볼 수 있는 여유로운 마음이 생겼어요. _홍아정 교사

이는 학생들이 도달한 배움의 수준과 학생에게 적합한 표상매체에 대한 선택권을 제공함으로써 한 명의 학생도 낙오시키지 않고 학습을 지속시킬 수 있다는 가능성을 발견했기 때문에 가능한 것이었다.

나. 도움닫기: 각자의 출발선에서 시작할 수 있도록 지원하는 교육

교육현장에서는 학생들의 잠재 가능성과 역량에서 개인 간 차이가 존재할 수밖에 없다. 그러나 보편적 학습설계 수업을 통해 학생 개개

인마다 다른 출발선에서 무엇이 그 아이에게 도움닫기가 될 수 있을지를 고민하고 비계scaffolding를 제공하기 위해 노력했다는 점에서 학습복지 실현에 한 걸음 더 다가갔다고 말할 수 있을 것이다.

이러한 노력을 통해 학생들은 각자의 출발선으로부터 경주를 시작할 수 있게 되었다. 여기서 짚고 넘어가야 할 것은 각자의 출발선을 인정한다는 것이 개별 학생들의 잠재 가능성에 한계를 둔다는 의미는 아니라는 점이다. 보편적 학습설계 수업은 모든 학습자들이 각자의 출발선에서 최대한 잠재 가능성을 발휘할 수 있도록 지원한다.

> 딱 떠오르는 키워드들이 그거였어요. 하나는 도움닫기라
> 는 생각이 들었고 현재 상태에서 뭔가 조금 더 앞으로 나아
> 간다는 느낌? 이 수업은 어쨌거나 현재 상태에서 조금씩이라
> 도 뭔가 진보하는 느낌? _정라희 교사

보편적 학습설계 수업을 통해 학생들이 각자의 출발선으로부터 경주를 시작하게 되면서 교사들은 자신들의 마음 한 켠에 자리 잡고 있는 수업을 따라오지 못하는 학습부진 학생들에 대한 부담감뿐 아니라 학업성취 수준이 높은 학생들에 대해 역차별하고 있는 것은 아닌지에 대한 미안함으로부터도 벗어날 수 있게 되었다.

> 사실은 이미 다 선행까지 해 가지고 우리의 수업 기본내
> 용을 다 알고 와서 평상시 수업이 좀 재미가 없었을… 그러
> 니까 못하는 아이들에 대한 마음의 불편함과 동시에 그렇게
> 수업에서 새로운 것을 배우지 못하고 가는 아이들에게 미안

함이 항상 있거든요. 그런데 이 부분이 좀 해소가 된 것 같
다는 생각이 들었어요. _정라희 교사

이는 보편적 학습설계 수업이 학생의 다양성을 인정하기 때문에 가
능한 것이었다. 배움의 속도가 느린 아이뿐 아니라 학업성취 수준이
높은 아이들까지도 자신의 현재 상태에서 성장이 이루어질 수 있는
것이다.

다. 줄탁동시: 교사의 노력과 학생 주도성이 만났을 때

보편적 학습설계 수업은 학생의 자율성과 주도성을 이끌어 내는 수
업이다. 학습 내용의 표상 수단과 표현 방식에서 학생의 선택권을 존
중하기 때문에 학생의 주도성과 능동성이 살아날 수밖에 없다.

배움이 이루어지기 위해서는 교사의 지도와 가르침만으로는 부족하
다. 병아리가 부화를 시작하면 알 속의 병아리가 껍질을 깨뜨리고 나
오기 위해 껍질 안에서 아직 여물지 않은 부리로 껍질을 쪼아대고啐,
이때 어미 닭이 그 신호를 알아차리고 바깥에서 부리로 쪼아 깨뜨릴
때啄 생명이 탄생한다. 결국 알을 깨고 세상 밖으로 나오는 것은 병아
리 자신이고 어미 닭은 작은 도움만 줄 뿐이다.

이처럼 배움은 학생이 배우고자 하는 의지와 태도를 가지고 배움에
대해 주도성을 가졌을 때 가능하다는 점에서 보편적 학습설계 수업은
줄탁동시啐啄同時[13]를 가능하게 하는 수업이다.

줄탁동시, 사실 이게 교사가 가져야 할 기본적인 교육철
학이기는 하지만 예전에는 항상 이게 좀 표면적이고 형식적

으로 끝났던 것 같아요. … 선생님은 계속 쪼아 대고 있는데, 정작 알에서는 '날 그냥 가만히 둬. 나는 너무 피곤해. 그냥 잘 거야.'(특히 고등학교에서는) 이런 모습이 사실 상당수 발생하는 것 같아요. 정말 아이도 함께 알에서 깨어날 준비가 되어야만 온전한 생명체로 탄생하는 건데. 그런데 지금 보편적 학습설계 수업 같은 경우는 일단 출발선에서부터 아이들에게 맞춰지다 보니 확실히 아이들의 움직임이 평소보다 더 잘 보여요. _고유진 교사

보편적 학습설계 수업은 학습 내용의 표상 수단과 표현양식의 선택권을 제공하고 학습자가 학습에 대해 스스로 동기를 부여하면서 학습 과정을 주도적으로 이끌어 간다는 점에서 학습자 주도 교육과정이나 수업을 실현하기 위한 전제 조건 또는 선행 요건으로서 기능할 수 있을 것이다.

라. 수업 방법에서 패러다임으로

교사들은 보편적 학습설계 수업이 궁극적으로는 교사의 인식을 변화시키는 일종의 패러다임이자 학생을 바라보는 렌즈라는 생각을 하게 되었다. 보편적 학습설계 수업을 패러다임으로 바라보게 되면 기존의 수업 방법을 활용하면서 다양한 수업 방법을 담을 수 있는 그릇으

---

14. 병아리가 부화를 시작하면 세 시간 안에 껍질을 깨고 나와야 질식하지 않고 살아남을 수 있다. 알 속의 병아리가 껍질을 깨뜨리고 나오기 위해 껍질 안에서 부리로 사력을 다하여 껍질을 쪼아대는 것을 줄(啐)이라고 하고, 이때 어미 닭이 그 신호를 알아차리고 바깥에서 부리로 쪼아 깨뜨리는 것을 탁(啄)이라고 한다. 줄과 탁이 동시에 일어나야 한 생명이 온전히 탄생하게 된다.

로서의 역할을 할 수 있게 된다.

이처럼 수업을 패러다임으로 바라보게 되면 학교의 상황이나 아이들의 특성에 따라 유연하게 형태가 변형되면서 아이들에게 맞출 수 있는 '물'과 같은 수업이 가능해진다.

> 가장 적합하지 않을까 싶은 게 '물과 같은 수업'인 것 같아요. 대상 아이들에 따라서도 수업이 굉장히 달라지는 모습이 담는 그릇이나 컵의 모양에 따라 형태가 달라지는 물과 같더라고요. 보편적 학습설계 수업은 아이들이나 학교의 상황, 교사의 성향 등 다양한 상황에 따라 형태가 아예 달라질 수도 있는 수업인 것 같아요. 또 물에 넣는 재료에 따라 굉장히 달라지잖아요. 우리 아이들이 어떤 특성을 지니느냐 또는 어떤 성향으로 수업을 하느냐에 따라 수업이나 학습 결과가 매실차같이 되기도, 유자차같이 되기도 하는 등… 지금까지 나왔던 모든 형태의 학습 방법을 다 할 수가 있어요.
>
> _서주희 교사

또한 수업 방법이 아니라 패러다임으로 바라보게 되면 새로운 방법을 일정 기간 적용해 보는 것에 그치는 것이 아니라 교사의 수업과 삶에 완전히 녹아들면서 교사의 관점을 바꾸고 수업을 온전히 바꾸게 된다.

> 예전에는 모든 아이들이 덩어리로 보였다면 이제는 그 안에서 좀 더 개별화가 좀 더 필요하지 않을까 이런 생각을

하는 거죠. … 아이들이 못하고, 아직 안 되는 아이들이 누군가에 대해서, 누구누구인지 파악을 하게 되고 그 아이들에게 관심이 가는 거죠. _홍아정 교사

　주목할 만한 것은 교사들이 보편적 학습설계 수업을 통해 기존의 수업 방법을 실천하면서도 아이들을 하나하나 인식하고 아이들의 삶과 학습과정에 대해 관심을 갖게 된 것은 '모든 학생을 학습에서 소외시키지 않고 함께 데리고 가야 한다'는 취지와 목적을 공유했다는 것만으로도, 즉 관점의 전환만으로도 가능했다는 것이다.

2. 보편적 학습설계 수업을 통한 학습격차 해소

　앞서 보편적 학습설계 수업은 학생들이 각자 자신의 현재 수준에서부터 학습을 시작할 수 있도록 학습 내용, 학습 방법, 시기, 속도, 순서 등에 대해 학생에게 선택권을 주고 자기 자신에게 가장 잘 맞는 학습 경로를 선택하여 자신의 진정한 재능을 펼치도록 하고 잠재 가능성을 실현할 수 있도록 하는 수업설계라고 이야기했다. 아울러 학습하는 과정에서 학습자들이 습득해야 할 지식을 이해하기 쉽도록 학습 내용을 다양한 형태로 제공하고, 학습자들이 알고 있는 다양한 방법으로 표현할 수 있도록 하며, 모든 학습자들이 수업에 적극적으로 참여할 수 있도록 왜 배워야 하는지에 대해 설명하면서 학습 동기를 유발할 수 있도록 보편적 학습설계의 원리를 적용하는 수업이라는 것도 살펴보았다. 이제 교사들이 실천한 수학 수업과 과학 수업에서 보

편적 학습설계의 원리가 어떻게 구현되고 있는지 살펴보자.

수업 실천 사례에서 학생들에게 학습 내용, 학습 방법, 시기, 속도, 순서 등에 대해 선택권을 부여했다는 것을 발견할 수 있다. 수학 수업의 경우 대상이 초등 저학년이며 위계적 성질을 가진 과목의 성격 때문에 학습 내용에 대한 폭넓은 선택권을 주지는 않았지만 학습 방법, 학습 수준(내용의 심화)에 대해서 자신에게 맞는 학습 내용을 선택할 수 있는 권한을 주었다.

분수 관련 성취기준으로 제시된 '양의 등분할을 통하여 분수를 이해하고 읽고 쓸 수 있다'는 분수 성취기준을 모든 학생이 도달해야 할 기준(전체)로 설정했고, 기본 학습을 마친 학생들은 '분수를 이해하고 설명하고, 단위 분수를 설명할 수 있다'는 것을 '일부'의 목표로 설정하였다. 나아가 분수 개념을 완벽히 이해한 학생들에 해당되는 '소수'에게는 심화문제를 풀도록 하거나 다른 친구들을 도와줄 수 있도록 했다. 이처럼 교사가 한 학급 내에 다양한 학습준비도를 가진 아이들이 있다는 상황을 고려하여 전체-일부-소수의 수준으로 성취 목표를 구분하여 학생들에게 학습 내용을 수준에 따라 선택할 수 있도록 했다.

그러나 이러한 단계적 목표 제시는 개별 선택 학습 시 학생들에게 '나의 학습 스케줄표'를 작성하도록 함으로써 각각 학습 속도가 다른 학생들이 자신의 속도에 맞추어 순서나 시기 등을 선택하면서 개별화된 경로로 학습을 할 수 있게 했다는 점에서 개별맞춤형 학습이라고 명명할 수 있다. 또한 학습 속도, 시기, 순서 등에 있어서 자신의 선택에 따라 학습을 진행하고 교사가 개별적으로 학습에 대한 피드백과 코칭을 실시했다. 더불어 교사는 다인수 학급의 많은 학생들의 개별 진도를 확인하기 위해 교사용 '학습 상황표'도 작성했다.

과학 수업의 경우에도 교사는 균류, 세균류, 원생생물 등의 생물의 종류 중 학생들에게 학습 내용을 선택할 수 있는 학습선택권을 주었으며, 표상의 원리와 표현의 원리를 적용하여 자신이 잘 이해하고, 이해한 것을 제대로 표현할 수 있는 방법을 선택할 수 있는 권한을 부여했다. 자신이 이해한 내용을 발표할 때에도 모둠을 형성하거나 개인이 발표하는 등 모둠형성에 대한 선택권도 주었다. 뿐만 아니라 학습계획과 평가기준도 학생들이 스스로 수립할 수 있도록 하면서 학습에 대해 동기를 유발하고 주도적이고 자율적으로 학습과정을 이끌어갈 수 있도록 했다.

수업 실천 사례에서처럼 보편적 학습설계 수업은 교육과정과 교재를 상수로 두고 수업을 진행한 것이 아니라 학생의 배움을 중심에 두고 수업을 설계하고 실천했다. 물론 국가수준 교육과정에 따라 분수와, 식물과 동물 이외의 생물이라는 학습 내용이 정해져 있었지만 배워야 할 학습 내용의 대영역 안에서 자신이 학습 내용을 선택할 수 있었다. 여기서 학습 내용을 선택한다는 것이 자신이 배우고 싶은 내용만 배우고 어려운 내용은 배우지 않는다는 것을 의미하는 것은 아니다. 예컨대 분수나 원생생물의 개념에 대해서 온전히 이해하기 위해 접근하는 방식에 대해 선택권을 부여받는 것이다. 자신에게 좀 더 익숙하고 이해하기 편한 학습 방식을 선택함으로써 습득해야 할 개념에 대해 온전히 이해할 수 있게 되는 것이다. 또한 원생생물 중에서 자신의 관심 분야를 선택한 후 한 가지 주제에 대해 깊이 있는 학습을 통해 원생생물 전반에 대한 이해로 확장할 수 있다. 아울러 서주희 교사는 다른 학생들이 탐구한 주제를 공유하도록 함으로써 자신이 선택한 주제 이외에 다양한 주제를 이해함으로써 폭넓게 이해할 수 있는 기반을 마련해 주기도 했다.

중요한 것은 보편적 학습설계 수업은 교육과정의 내용을 어떻게 잘 전달할 것인가에 초점을 둔 것이 아니라 어떻게 하면 아이들이 잘 배울 수 있을까에 초점을 둔다는 점이다. 아이들의 배움에 초점을 두게 되면 학생들이 집단으로 보이지 않는다. 오히려 한 명 한 명의 배움의 수준과 상황이 눈에 들어오게 된다. 그래서 교사는 학생들의 현재의 학습 수준에 주목하게 되고 그 출발선에서 어떻게 하면 자신의 강점을 잘 살리고 학습을 가로막는 장애 요인을 철폐하여 학생들이 자신의 배움을 주도적이고 자율적으로 이끌어 갈 수 있을까를 고민하게 된다.

이 책에서 살펴본 두 개의 수업 실천 사례는 학습격차를 해소할 수 있는 보편적 학습설계의 원리가 잘 드러난 사례이다. 앞서 토드 로즈가 자신의 책에서 조종사에게 자신의 몸에 꼭 맞는 조종석을 설계해 준 사례를 제시한 것처럼, 아이들 한 명 한 명에게 가장 잘 맞는 교육 환경을 조성해 주었고 그 속에서 학생들은 자신의 잠재 가능성을 실현하고 진정한 재능을 펼칠 수 있게 되었다. 다른 학생들과 비교하지 않고, 자신의 현재 수준에서부터 학습을 시작하고 자신에게 가장 잘 맞는 학습 경로를 선택하고 학습과정을 주도하면서 학생들은 새로운 개념에 대해 이해하게 되고 다양한 사례를 접하면서 배움의 깊이가 깊어졌으며 학습으로부터 소외되었던 아이들도 배움에 가까이 다가가게 되었다. 이제 보편적 학습설계 수업을 실천했던 교사와 수업에 참여했던 학생들의 이야기를 들어 보자. 이들의 이야기는 학습격차를 없애고 학습복지를 실현하는 성장 스토리이다. 보편적 학습설계 수업에 대한 교사와 학생의 생생한 이야기는 4장에서 다루고자 한다.

Q & A

보편적 학습설계 수업을 실천할 때 어떤 양식을 활용할 수 있나요?

실천 교사들은 공통 수업 전략에 해당되는 '학습계획서'를 다양한 방식으로 활용하였다. 또한 표현의 원리에 따른 수업 전략에 해당되는 '학습메뉴'를 활용하여 학습활동을 메뉴의 형식으로 주메뉴와 부메뉴로 제공하기도 하였다. 다음의 표는 실천 교사들이 활용했던 학습계획서와 학습메뉴 양식이다.

학습계획 및 점검표

2학년 (   )반 (   )번 이름(   )

미션을 해결한 칸에는 ○표를 하세요. 수학 익힘책까지 미션을 해결한 친구들은 선택활동에 참여할 수 있어요. 하고 싶은 활동을 계획하고 공부합니다.

학습 주제	수학 익힘책	선택 활동			
		꼬마 선생님	도전과제(개별 또는 팀)		선택
분류는 어떻게 할까요?	74-75		블록 카드 또는 동물 카드 오려서 종류별로 분류해보기		
기준에 따라 분류해 볼까요?	76-77		교실의 블록을 색깔별로 분류하기		
			교실의 젠가를 크기를 크기별로 분류하기		
			교실의 젠가를 모양별로 분류하기		
			교실의 수모형을 종류별로 분류하기		
			놀이수학(128-129)		
			선생님과 분류하기		
분류하여 세어 볼까요? 분류한 결과를 말해 볼까요	78-81		우리 반 친구들이 좋아하는 아이스크림을 조사하여 분류하고 결과 말해 보기		
			우리 반 친구들이 좋아하는 놀이를 조사하여 분류하고 결과 말해 보기		
			우리 반 친구들이 좋아하는 동물을 조사하여 분류하고 결과 말해 보기		
			우리 반 친구들이 좋아하는 ( )을 조사하여 분류하고 결과 말해 보기		
얼마나 알고 있나요	138-139 1차	2차	3차	분류하여 만들기(140-141)-개별	

학습계획 및 자기평가표

영역	관련 단원	학년 반 번
수와 연산	6. 분수와 소수	이름

평가 과제
• 전체와 부분의 관계를 분수로 나타내고 분수의 크기를 비교하기 • 소수 이해하고, 소수의 크기 비교하기

1. 내가 선택한 과제 해결 방법은?

(개인, 모둠)

2. 과제 해결 계획

준비물	
해야 할 일 (역할 분담)	
최종 제출일	

3. 자기평가

구분		학습 주제	이해한 정도
공부한 내용	분수의 이해	똑같이 나누어 보기	☆ ☆ ☆
		전체와 부분의 관계 이해하기	☆ ☆ ☆
		분수 읽고 쓰기	☆ ☆ ☆
		분모가 같은 분수 크기 비교하기	☆ ☆ ☆
		단위 분수의 크기 비교하기	☆ ☆ ☆
	소수의 이해	분모가 10인 분수로 소수 이해하기	☆ ☆ ☆
		cm와 mm의 관계로 소수 이해하기	☆ ☆ ☆
		소수의 크기 비교하기	☆ ☆ ☆

4. KWLA 표의 새롭게 알게 된 점, 공부를 마친 뒤 소감을 작성해보세요.

부모님 확인	

[초등 1학년 국어_ 한글(받침이 들어간 글자)]

자기점검표

영역	학습활동		ㄱ	ㄴ	ㄷ	ㄹ	ㅁ	ㅂ	ㅅ	ㅇ	ㅈ
읽기	받침 들어간 문장 읽기										
표현	글자 블록으로 받침이 들어간 단어를 만들어요										
쓰기 (12개 선택)	더 쉽게	책에서 받침이 들어간 글자를 3개 이상 찾아 따라 쓰고 하나를 골라 그림을 그려요									
	기본	받침이 들어간 글자를 3개 이상 생각해서 쓰고 하나를 골라 그림을 그려요									
	도전!!	받침이 들어간 글자를 생각해서 쓰고 그 글자로 한 문장을 만들어요									
선생님 확인											

※ 1시간에 1개 이상을 해요. 시간이 남는 사람은 책을 읽고 독서기록장을 써요. 글씨로 쓰는 경우에는 공부한 받침이 들어가면 더 좋을 것 같아요!

[초등 3학년 수학_분수와 소수]

교사용 학습상황표

번호	이름	사전학습	똑같이 나누어 보기	전체와 부분의 관계 이해하기, 분수 쓰고 읽기	주어진 분수만큼 도형에 나타내기, 부분을 보고 전체를 알아보기	분모가 같은 분수의 크기 비교하기	단위분수의 크기 비교하기	소수 알아보기 1 (분모가 10인 분수를 이해하기)	소수 알아보기 2 (cm와 mm의 관계로 이해하기)	소수의 크기 비교하기		생각 수학		얼마나 알고 있나요		탐구 수행 과제 해결		논술형 평가	
			수 / 수의	수 / 수의	수 / 수의	수 / 수의	수 / 수의	수 / 수의	수 / 수의	1차	2차	1차	2차	1차	2차	1차	2차	1차	2차
1																			
2																			
3																			
4																			
5																			
6																			
7																			
8																			
9																			
10																			
11																			
12																			
13																			
14																			
15																			
16																			
17																			
18																			
19																			
20																			
21																			
22																			

126 학습격차 해소를 위한 새로운 도전: 보편적 학습설계 수업

[초등 3학년 과학_ 지구와 달]

학습메뉴

3학년 (   )반 (   )번 이름(   )

지구와 관련된 자료를 조사하여 모양과 표면의 모습을 설명할 수 있다.
육지와 비교하여 바다의 특징을 설명할 수 있다.
지구 주위를 둘러싸고 있는 공기의 역할을 예를 들어 설명할 수 있다.
(예를 들어 : 숨을 쉬게 해 줘요)
달을 조사하여 모양, 표면, 환경을 이해하고 지구와 달을 비교할 수 있다.

- 학습 내용: 지구의 모양, 지구 표면의 모습, 지구의 육지와 바다, 지구 주위
           공기의 역할, 달의 모양/표면/환경
- 학습 방법: 조사하기, 설명하기, 비교하기(지구의 육지와 바다, 지구와 달)
- 조사 방법: 인터넷 검색(관련된 영상), 책, 전자/교과서, 선생님이나 가족에
           게 물어본다.

주메뉴(4-6시간)	
비빔밥(과학 전시관 큐레이터), 잔치국수(학생이 선택하는 학습 내용)	
사이드 메뉴(2-3시간)	디저트(1-2시간)

1. 슈감자: 그림그리기
2. 치킨: 책자 만들기(퀴즈 책, 그림책 등)
3. 갈비: 동영상 만들기
4. 불고기: 지구와 달이 되어 소개글 쓰기
5. 돈까스: 선생님께 설명 듣기
6. 오이무침: 교과서나 책 읽고 다양한
    방법으로 간추리기
7. 깍두기: 한 가지 질문을 정해 조사하기
8. 배추김치: 지구와 달의 공통점과 차이
    점을 나타내기
9. 버섯볶음: 달 만들기
10. 장조림: 지구(본) 만들기
	1. 버블티: 지구본을 이용한 놀이
	2. 아이스크림: 구글어스 검색하기
	3. 마카롱: 전자교과서나 인터넷 검색하기
	4. 콜라: 지구와 달에 관한 주제로 토론
	    하기
	5. 스무디: 다양한 방법으로 공기 느껴
	    보기
	6. 주스: 시 쓰기
	7. 팬케이크: 내가 선택하지 않은 다른 사
	    이드 메뉴 하기

4장

보편적 학습설계 수업을 통한 성장 알아보기

제1절
보편적 학습설계 수업으로
교사는 어떻게 변화하는가?

1. 학습부진아를 성장 가능성이 큰 아이로 인식

교사들은 보편적 학습설계 수업을 실행하면서 개별 학생들에 대한 진단이 쉽게 이루어지고 아이들의 학습 상황과 과정을 확실히 파악할 수 있기 때문에 아이들의 행동에 대해 유연하게 대응할 수 있다고 이야기했다.

> 일괄로 가르칠 때는 아이들이 그러니까 잘 따라오고 있는지, 안 따라오고 있는지에 대한 확인이 사실 열 칸 공책에 빨리 쓰고 있는지, 이런 것만 피상적으로 확인이 됐는데… 개인적으로 얘기를 하다 보니까 애들의 수준 파악이 더 잘되더라고요. 그리고 어디까지 본인들이 하고 있는지를 얘기하게 되고. _박형근 교사

기존의 수업은 교사가 주도하며 교사의 가르침 중심으로 수업이 이루어지기 때문에 자신에게 익숙한 방식으로 수업을 이끌어 가는 것으

로 충분했다. 반면 보편적 학습설계 수업에서는 학습 내용의 표상 수단과 표현 방식에 대한 선택권을 학생들이 가지고 있기 때문에 교사가 유연하게 대응하고 학생들의 다양한 학습 형태에 맞추어 배움을 촉진하기 위해서는 많은 준비와 고민이 필요했다. 한편, 학생의 주도성 제고와 학습선택권 보장에 대한 고민과 함께 보편적 학습설계 수업을 통해 교사들은 이전보다 학습부진 학생이나 학습 소외를 경험하는 학생에게 더 많은 관심을 갖게 되었고 학습부진의 원인을 찾기 위해 노력하게 되었다.

> 어떻게 한 명도 소외되지 않고, 학습하고 즐겁게 참여할
> 수 있을까? 가장 염두에 두고 있는 질문이다. 아무래도 어려
> 움을 겪는 친구들을 염두에 두니, 부진한 학생들이 어려움
> 을 겪을 부분이 어디일지 찾아보게 된다. _민나현 교사 성찰지

이처럼 교사들이 학습부진 학생에 대해 관심을 갖게 되면서 학습부진 학생이나 배움의 속도가 느린 학생에 대해서 개인의 탓으로 돌리면서 답답함을 느끼는 예전 모습에서 벗어나, 각자 배움의 단계에서 최선을 다하고 그 자리에서 성장하는 학생의 모습을 보고 대견해하면서 '못하는' 아이들이 아니라 '성장 가능성이 큰' 아이들로 바라보게 되었다.

> 왜 못 따라오지? 이거 빨리해야 되는데 다음 부분 나가
> 야 되는데 이런 느낌이었는데 지금은 빨리하는 애들은 빨리
> 하는 애 나름대로 이렇게 대견하고, 그러니까 못하는 애들이

이렇게 본인이 하겠다고 열심히 하는 노력과 그리고 그 단계
별로 본인들이 수준을 찾는 것, … 피드백에 따라서 애들이
그러니까 바로 바로 달라지는 게 여기서는 확확 보이는 거예
요. … 지금은 그런데 진짜 아이들이 그러니까 못하는 애가
아니라 성장 가능성이 큰 아이들이라는 게 여기서 더 느껴
지는 것 같아요. _박형근 교사

홍아정 교사는 아이들이 '예뻐 보이기' 시작했고 학교가 즐겁게 놀
면서 배우는 곳이었으면 좋겠다는 생각을 하면서 가르침에서 배움으
로 패러다임이 변화되고 있었다.

　　　보편적 학습설계 수업하면서 우리 반 애한테 하교할 때
인사말이 바뀌었어요. … "내일도 학교 놀러 와." 공부가 즐
거운 놀이 같아요. 놀이하면서 배우는… 이전에는 수학은 진
짜 그랬어요. 내가 가르쳐 주는 거야. 그래서 내가 가르쳐 주
니까 따라와야 돼. 이렇게 설명했는데 내가 이렇게 목이 아
프도록 했는데 못 알아들어? 그런데 아, 내가 가르치는 게
아이들의 배움은 아닌 거니까요. _홍아정 교사

이처럼 교사들은 아이들의 학습 결손을 어떻게 해결하면 좋을지,
어떤 부분에서 어려움을 겪고 있는지에 대해 고민하기 시작했다. 교사
들은 자신의 수업 실천에 대해서 "내가 얼마나 잘 가르치고 있나?"에
서 "아이들이 얼마나 잘 배우고 있나? 배움이 잘 이루어지지 않는다
면 그 원인은 무엇인가?"로 전환되고 있었다.

또한 학교는 교사가 가르치는 곳이 아니라 아이들이 즐겁게 놀이하면서 배우는 곳으로 전환되었고, 가르침 중심에서 배움 중심으로 패러다임이 변화되고 있었다.

2. 수업과 평가의 선순환 과정에서
성장중심평가의 가능성 발견

보편적 학습설계 수업을 통해 가르침 중심에서 배움 중심으로 패러다임이 변화되면서 평가에 대한 관점도 바뀌었다. 학습 결과에 대한 서열화된 평가Assessment of Learning가 가르침 중심의 패러다임에 속한다면, 학습으로서의 평가Assessment as Learning나 과정중심평가는 배움 중심 패러다임에서 비롯된 것이다. 배움의 수준과 속도에 맞추어 스스로 학습과정을 추진하고 관리할 뿐 아니라 학습 결과를 어떻게 표현할 것인지에 대한 결정도 학습자가 하면서 평가의 내용을 결정할 수 있게 된 것이다.

또한 교사의 입장에서 바라볼 때 학습자의 학습 상황에 대해서 학습 결과 점검표나 학생에 대한 개별적이고 즉각적인 피드백을 통해서 학생들의 학습 진도나 학습 수준에 대해서도 즉시 파악할 수 있다는 점에서 별도의 평가가 필요한 것이 아니라 수업 중에 '학습으로서의 평가'가 가능하기도 했다.

애들이 분류 기준을 가지고 정해서 개수를 말하고 결과를 말하는 것까지가 애들 2학년 수준이에요. 성취기준이. 그러면 이제 오늘 한 걸로 이미 이게 성취기준에 도달했는지가 다 보이는 거잖아요. 별도의 다른 지필평가를 보지 않아도 되는 거죠. 진짜 학습으로서의 평가가 되는 거죠. _홍아정 교사

보편적 학습설계 수업이 과정중심평가 취지에 적합한 이유는 각자 다른 아이들의 출발선을 인정하면서 수업이 이루어질 뿐 아니라 출발선에서 얼마나 성장했는지를 중심으로 평가가 이루어지기 때문이다.

교육부에서 말하는 과정중심평가, 그리고 경기도에서 아이들의 성장과 발달을 목적으로 한 성장중심평가를 우리가 현재 실천하고 있잖아요. 그리고 아이들의 참된 학력, 행복한 배움, 즐거운 배움을 지향하고 있는데, 이렇게 하면 정말 그대로 실현 가능하겠다. 아이들 출발선은 모두 다르죠. … 다다른 출발점을 그냥 그 자체로 인정해 주는 거죠. 그리고 그 아이의 출발점에 따라 달라질 도착점을 인정해 주는 거죠. 그게 보편적 학습설계 수업을 하면서 훨씬 더 잘 실천될 수 있겠다 생각했어요. _고유진 교사

기존의 수업은 출발점을 무시하고 인정하지 않았다면 그래서 같은 잣대로 모든 아이들을 평가했다면, 얼마나 성장했는지를 중심으로 바라본다는 면에서 보편적 학습설계 수업은 성장중심평가의 취지를 잘 살릴 수 있는 수업이다.

한편 성장중심평가를 실시할 때에는 성취기준에 근거하여 평가를 진행해야 한다.경기도교육청, 2018 흔히 아이들이 자신의 배움의 단계와

속도에 따라 배움의 내용과 방법을 선택하게 되면 국가수준 교육과정에서 제시하는 성취기준이 달성가능한가에 대한 의문을 제기할 수도 있다. 그러나 연구 참여자들은 실행연구를 통해 아이들이 선택한 활동 속에서도 충분히 성취기준을 달성할 수 있다고 보았다.

> '조사를 열심히 했는가? 열심히 참여했는가? 공유를 잘 했는가?' 이런 내용이었어요. 그리고 이 수업을 하면서 학생들이 자연스럽게 해당하는 성취기준에 해당하는 내용을 다 성취를 하기는 해요. 자신이 선택한 미생물에 대해서 긍정적인 영향, 부정적인 영향을 알아보고 이를 공유하면서 자연스럽게 토의가 이루어졌어요. 질문도 서로 주고받고 공유와 토의가 인위적인 평가 느낌이 아닌 그냥 수업의 하나로 자연스럽게 일어났어요. _서주희 교사

3. 새로운 교사 전문성 1: 학생의 학습주도권을 제고하기 위한 설계자

교사들은 보편적 학습설계 수업을 하면서 교사의 전문성이나 교사의 역할이 기존 수업과 다르게 규정된다는 것을 인식하게 되었다. 교사는 가르치는 존재로부터, 아이들에게 의미 있는 배움이 이루어지고 그 배움이 즐거움과 기쁨의 경험이 되도록 촉진하는 존재로 이행하게 된다는 것을 체득하게 되었다.

교사는 국가수준 교육과정의 내용을 잘 전달하고 가르쳐서 사회가

필요로 하는 지식과 역량을 가르쳐야 할 의무도 있지만, 한편으로는 학생들에게 배움의 기쁨을 알려 주고 스스로 학습할 수 있도록 학습하는 방법도 가르쳐 줘야 하며 무엇보다도 자신이 학습할 수 있는 존재이자 학습을 통해 성장하고 사회의 구성원으로서 기여할 수 있는 존재라는 확신과 자신감을 학생들에게 심어주는 것이 중요하다.

특히 교사의 역할과 전문성에 대한 인식이 교사의 가르침에서부터 학생의 배움으로 이행하면서 학생의 학습 결과에 대한 피드백을 제공하는 역할이 중요하게 부각되었다.

> 아! 이게 교사의 역할. 제가 진짜로 교사의 역할이 전달하고 확인하고 이게 아니라 그러니까 애들의 필요에 따라서 나와서 피드백을 해 주는 역할을 내가 충실히 하고 있구나. … 예전에는 저는 계속 얘기를 해야 되고 뭔가를 전달을 해야 됐는데 지금은 피드백을 계속하니까… 아이들이 수업을 하고. 그러니까 '이게 진짜 성장하는 수업이 되겠구나'라는 생각을 했어요. _박형근 교사

자신이 얼마나 잘 가르쳤는가가 아니라 학생들이 유의미한 경험을 통해 배움이 일어났는지, 어떤 개념에 대해 확실히 이해했는지, 배움을 통해 태도와 행동에 변화가 일어났는지, 배움을 통해 자신의 삶과 일상에 영향을 주고 성장하고 있는지 등 학생의 배움에 초점을 맞추게 되면 학생들의 현재 상황을 진단하고, 학습과정을 통해 지속적으로 피드백을 주는 것이 중요하다. 피드백을 주는 역할의 중요성에 대해 인식했다는 것은 교사들이 학습을 주도하는 주체는 자신이 아니

라 학생들이라는 것을 아는 것에서부터 비롯된다.

제가 뭐를 일방적으로 던져 주고 거기에 따라가는 그런 설계보다 물론 그 장을 만들어 주기는 했지만 그 안에서 애들이 직접 다 주도가 돼서 움직이다 보니까 저는 정말 그냥 도와주는 역할… 그래서 완전한 그 조력자, 촉진자로서의 역할을 계속 강조하고 있는데 '그게 아, 이렇게 실천이 되겠구나'라는 것이 좀 많이 체감됐던 부분이었고. _고유진 교사

교사들은 수업 실천을 통해 보편적 학습설계 수업이 모든 학생들의 학습권을 존중하는 수업이라는 것과 이를 통해 학생이 주도하는 수업이 실현가능하다는 것을 인식하게 되었다.

모든 학생들의 학습권을 존중하는 수업이라는 생각이 든다. 학습자가 가장 편하게 잘 이해되고 좋아하는 방식으로 하는 학습설계이다. _김지윤 성찰지

학생이 주도하는 수업이 진짜로 이루어지는 것 같아요. 학생 주도에 최적화된 것이지 않을까 싶어요. _서주희 교사

하지만 보편적 학습설계 수업을 통해 학생에게 주도권을 이양하여 학생들이 학습에 대한 책임감을 갖도록 하기 위해서는 교사가 학생들에게 적극적으로 학습을 주도할 수 있는 장을 만들어 주고 그 경계를 확장시켜 주며, 교사의 역할에 대한 고정관념을 내려놓는 것이 필요하

다고 보았다.

> 교사의 전문성이면 교사가 무엇인가를 많이 알고 그다
> 음에 그것을 많이 배워서 아이들에게… 그런데 또 이제 이런
> 계기로 어떤 학습의 그런 선택권 이런 것들을 아이들에게 많
> 이 이양해 준 거잖아요. 그런데 그런 것을 통해서도 얼마든
> 지 이 교육과정이 운용될 수 있고. 이렇게 생성될 수 있구나.
> … 저에게는 또 다른 전환이고요. _박민서 교사

교사의 입장에서 아이들에게 학습의 주도권을 주기 위해서는 사전
에 수업을 설계하기 위해 준비할 것이 더 많아진다는 것을 의미한다.
성취기준을 재구조화해야 하고 학습목표를 전체-일부-소수에 따라
조직화해야 하며, 그에 따라 차등화된 과제와 학습 자료를 각각 준비
해야 하는 것이다. 뿐만 아니라 보편적 학습설계의 세 가지 원리인 표
상의 원리, 표현의 원리, 참여의 원리 등에 따라 학생들에게 학습선택
권을 주기 위해 준비할 것도 많다. 또한 교사가 의도한 수업대로 진행
되는 것이 아니라 교사와 학습자가 함께 수업을 만들어가기 때문에
상황마다 대응해야 할 사항들이 있다.

> 보편적 학습설계 수업을 직접 교실에서 하려고 하니 공
> 부도 굉장히 많이 필요하지만 이 단원에 대한 전체적인 것
> 을 보면서 설계를 해나가고 아이들의 다양한 반응이나 이런
> 것들을 예상하면서 좀 그 준비할 것들이 다양하게 선택하게
> 하고 못하는 아이들도 같이 하게 되고 잘하는 애들은 더 잘

할 수 있는 이런 기회를 생각하면서 뭔가 이거를 준비를 해야 되잖아요. 그러니까 실제 수업시간에는 아이들이 선택 학습을 할 수 있게 구조화된 이 학습의 흐름이 있다면 그 전에 교사가 준비할 게 굉장히 많은 거죠. _홍아정 교사

특히 내게 있어 변화가 느껴지는 부분은 수업과 교육과정 설계에서 처음에는 과제 형식, 주제를 선택하는 것에만 초점을 맞추었다면 이제는 어떻게 정보를 제공할지, 표상 수단, 참여를 독려하는 방법 등을 좀 더 고려하게 되었다는 점이다. _민나현 교사 성찰지

아울러 동료 학습으로 다른 아이들의 도움을 받지도 못하고 스스로 학습하는 자기주도적 학습 능력이 부족한 아이들을 찾아내고 도움을 주어야 하는 것도 교사의 중요한 역할이었다.

교사들은 보편적 학습설계 수업을 통해 가르침과 배움을 이분법적으로 생각하는 고정관념을 내려놓고 학생들에게 선택권과 주도권을 주면서 아이들이 충분히 자신의 학습을 책임 있게 주도할 수 있는 존재라는 것을 인식하고 신뢰하는 것이 가장 어려운 작업이었다고 이야기했다. 그러나 아이들에게 학습의 주도권을 주면서 느꼈던 불안함은 수업을 통해 이내 신뢰로 바뀌게 되었다.

아이들에게 학습의 주도권을 더 주는 것. 더 선택권을 주는 것. 그다음에 그 자기 학습에 대한 또 책임까지 같이 가져가는 것. 그래서 그것을 또 아이들이 충분히 해내는 것

을 보면서 이제 느낀 아이들에 대한 신뢰가 깊어지는 것. 이 제 그런 부분들에 대한 게 이제 저에게는 조금 더 새롭게 덧 입혀진 전문성이라고 할까요? … 가장 어렵고 큰 게 교사가 처음 시도할 때 교사의 인식을 내려놓는 게 어떻게 보면 가 장 어려움이 아닐까 싶어요. 그리고 내려놓는 순간부터는 되 게 편해지는 것 같아요. _박민서 교사

이처럼 교사들은 학생의 학습주도권을 이끌어 내고 학습 가능성을 신뢰하며 자신의 고정관념과 편견을 내려놓는 것을 교사에게 필요한 새로운 전문성으로 인식했다. 이와 같은 교사의 인식 및 역할 변화로 인해 학생들의 인식과 행동이 변화하게 되고 수업이 달라지게 되었다.

4. 새로운 교사 전문성 2: 연구자 및 반성적 실천가로서의 교사

교사들은 보편적 학습설계를 관점이나 패러다임으로 받아들이면서 기존의 지식이나 정보를 실행하는 것에 그치지 않고 새로운 구상의 과정 속에서 연구자로서 전문성을 쌓아 나가게 되었다.

연구자로서의 교사는 반성적 실천을 하는 사람이기도 하다. 반성 적 실천은 자신의 교수 행위를 되돌아봄으로써 자신의 실천을 분석, 논의, 평가하고 이를 통해 변화할 수 있도록 하는 것을 말한다. 듀이 Dewey[1910]는 반성을 "적극적, 지속적이며 신중하게 신념이나 지식을 그 근본에 비추어 고찰해 보는 것"이라고 했다. 연구 참여자들은 자신

의 수업 실천에 대해 전 과정에 걸쳐 반성적 사고를 했다.

교사들의 수업에 대한 성찰은 학습자 및 상황 분석과 교육과정 분석이 이루어지는 수업계획 단계에서부터 나타났다.

> 우리 아이들 수준에서 자료를 수집하여 기준을 정하고
> 분류할 수 있을지 모르겠다. 아이들의 준비도를 어떻게 확인
> 해야 할까? 질문으로? 수학 익힘으로? _홍아정 교사 성찰지

홍아정 교사의 성찰지를 보면 그동안 자신이 가진 기존의 틀을 내려놓고 보편적 학습설계 수업을 새롭게 실천하고 있다는 것을 알 수 있다. 그는 보편적 학습설계 수업이라는 새로운 렌즈를 통해 수업을 바라보면서 국가수준 교육과정의 성취기준이 발달단계나 배움의 단계에 맞는 것인지에 대한 고민을 하게 되었다. 국가수준 교육과정의 내용을 전달하는 실행가에 그치지 않고 자신의 교육적 실천이 교육적 본질에 맞는 것인지를 성찰하고 있는 것이다. 그는 이 지점으로부터 성취기준에 대한 고민을 하게 되었고 이는 대안적 행동 즉, 탈교과서를 꿈꾸고 새로운 교육적 실천을 하게 되는 시발점이 된다는 점에서 성찰은 새로운 의미를 능동적으로 생산하는 과정이다.Elliot, 1991

> 그런데 왜 이렇게 이런 수준까지 배워야 할까? 다른 나
> 라의 수학 내용 기준표가, 성취기준이 궁금하다. 우리나라의
> 학년별 성취기준은 아이들의 발달수준에 적합한 걸까? …
> 아이들이 제대로 이해했는지 어떻게 확인하고 피드백을 줄
> 수 있는가? 반드시 학습지 형태의 무언가를 제공해야만 하

는가? '탈교과서'를 꿈꾸는 나는 어떤 교사인가? 그럴 만한 전문성은 있는가? 탈교과서를 꿈꾸다 정작 중요한 것을 놓치는 것은 아닐까? _홍아정 교사 성찰지

　홍아정 교사의 성찰은 수업계획 수립 과정뿐 아니라 수업실행 과정에도 지속되었다. 이러한 성찰이 지속될 수 있는 이유는 보편적 학습설계 수업이라는 렌즈를 통해 "모든 아이들이 다 잘 배울 수 있게 하는 방법이 없는지" 고민하기 때문이다. 즉 모든 아이들의 잠재 가능성을 실현하기 위해서 교사는 무엇을 해야 할 것인지 끊임없이 고민한다는 것을 의미한다.

　분류하기를 잘 이해하고 충분히 경험할 수 있도록 다양한 선택활동을 위한 자료 제공이 도움이 될 것 같기도 하고 연산보다 더 쉽게 느껴지는 직접 조작활동이라 더 흥미를 갖고 참여하는 것 같다. 연산에서는 이런 아이들이 매력적으로 느낄 다양한 도전 과제들을 제시해서 소수의 우수한 아이들이나 소수의 지원이 필요한 아이들이나 모두 다 잘 배울 수 있게 하는 방법은 없을까? _홍아정 교사 성찰지

　또한 그러한 수업실행 중의 성찰을 통해서 자신의 고정관념이나 기대 수준을 상회하는 학생들의 활동을 보면서 자신의 관념이 깨지고 재구성되는 과정을 거치기도 했다.

　수학책의 첫 도입 차시에 옷, 신발, 모자와 같은 종류에

빨강, 파랑, 노랑의 색들이 섞여 있는 카드를 뜯어서 분류 기준을 정해 분류해 보기로 했다. 혼자 해도 되고, 둘이 해도 되고 모둠 친구 네 명이 함께 해도 된다는 것을 알려 주었다. 분류 기준을 정하고 분류한 것을 도화지에 붙이도록 했다. 아이들은 익숙하게 팀을 만들어 활동을 시작했다. 혹시 하는 염려로 교사가 카드를 뜯어 색깔을 기준으로 분류하는 것을 했다. 당연히 교사처럼 단순하게 한 가지의 기준으로만 분류하고 붙일 거라 생각했는데, 의외로 아이들은 더 여러 가지 기준을 고려하면서 분류를 시도했다. _홍아정 교사 성찰지

홍아정 교사는 '분류하기' 단원으로 보편적 학습설계 수업이 종료된 후에는 자신의 경험을 통해 학습하게 되었으며 실수를 자기발전의 기회로 삼게 되었다. 홍아정 교사는 자기반성적인 과정을 통해 다음 수업에는 좀 더 성장한 전문가로서 아이들에게 다가갈 수 있을 것이다.

분류하기 단원을 설계하면서 어떻게 하면 모든 아이들이 잘 배울까를 고민했다. … 아이들의 수학 학습 결손을 개인 또는 가정의 탓으로 돌리고 나는 무책임하게 무감각하게 넘겼을 수도 있을 텐데 그 아이들을 미워하지 않고 내가 해 줄 수 있는 것이 있다는 것이 참 다행이기도 하다. 전체 학습으로 진행하면 포기되었을 아이들이 많았는데, 개별적으로 학습을 확인하고 선택 학습을 다양하게 제공하면서 지원이 필요한 소수의 아이들에게 미니 수업을 통해 도움을 줄

수 있다는 것은 나에게는 놀라운 경험이기도 하다.

_홍아정 교사 성찰지

　홍아정 교사를 포함하여 실행연구에 참여한 교사들은 자신이 기존에 가지고 수업이나 교육과정에 대한 틀을 버리고 보편적 학습설계 수업이라는 렌즈를 통해 자신의 수업 실천을 체계화할 수 있는 개념적 틀을 만들어 가고 있었다. 성찰은 수업계획, 실천, 평가 등 모든 단계에서 적용되고 있었다. 그들은 단순히 수업 실천과 관련한 방법에 대해 기능적인 개선을 추구한 것이 아니었다. 기존의 틀과 실천을 내려놓고 수업과 자신의 존재, 그리고 교사로서의 역할에 대한 의미를 새롭게 구성하면서 자신의 행동과 실천을 능동적으로 재구조화하고 있었다.

제2절
보편적 학습설계 수업으로 학생은 어떻게 성장하는가?[15]

1. 자발적인 협력

학생들은 보편적 학습설계 수업 속에서 교사가 종용하지 않더라도 자발적으로 다른 아이들의 학습에 도움을 주려고 했다. 보편적 학습설계 수업을 관찰한 결과, 개념에 대해 배운 후 각자 과제를 진행하면서 학습과정 중에 동료 학생들에게 자신이 아는 것을 알려 주기도 했고, 자신의 과제를 끝내고 난 다음에 자발적으로 다른 아이들의 과제를 도와주는 현상이 공통적으로 나타났다.

> 자연스럽게 애들이 그걸 무의식적으로 알고 있는 건지 어쩐지 모르겠지만 본인이 다른 친구들보다 좀 더 아는 것이 있다든가, 해결 방법을 알고 있다든가 하면 자연스럽게 멘토 역할이 되고. 모둠 안에서도 제가 시킨 것도 아닌데 가서 도와주기도 하는 게 있더라고요. _고유진 교사

---

15. 이 책에 등장하는 학생들의 이름은 가명이다.

학생들의 자발적인 협력 모습

　이러한 협력적인 분위기 속에서 아이들과의 관계도 긍정적으로 바뀌었다. 수업을 따라가기 힘들어하던 아이는 꼬마선생님으로서 자신의 학습과제를 도와주는 친구들로부터 도움을 받게 되면서 화를 덜 내게 되었고, 서로 의견을 존중하고 공감하면서 의견 충돌이 발생하더라도 조화롭게 문제를 해결해 갈 수 있는 방법도 터득하게 되었다.

　　유비 같은 경우는 일찍 끝났잖아요. 그러니까 똑똑하고 본인이 다 알기 때문에 일찍 끝난 건데 그런 친구들을 동료 학습자로서 아까 제가 '현수 도와줘.' 이렇게 하는 것. 본인들끼리 비계를 설정하는 게 더 오히려 선생님이 비계를 설정해 주는 것보다 낫다는 얘기를 많이 들었거든요. 그러니까 그런 식으로 활용을 하면 제가 채울 수 없는 갭을 동료 학습, 동료 선생님 그러니까 친구 선생님으로 채울 수 있지 않을까.

_박형근 교사

이처럼 학생들이 다른 학생의 학습을 도와주려고 한 것은 누군가를 도와줄 수 있다는 것에 대한 자부심일 수도 있었고 순수한 동기에서 비롯된 것이기도 했다. 또 학습과정에서 도움은 일방향적인 것이 아니라 누군가를 도왔던 아이들은 누군가로부터 도움을 받기도 했다.

그러니까 다른 친구들을 도울 수 있다는 거에 대한 자부심이 되게 크거든요. 그런데 이제 우리 연산할 때는 꼬마 선생님 역할을 굉장히 많이 선호했어요. 그리고 그 배우는 애도 저랑 같이 해서 배워 가는 것도 의미가 있겠지만 또래한테 배울 때 자기들의 말로 설명이 되니까 더 쉽게 이해되고. _홍아정 교사

그냥 그야말로 순수한 동기에 의해서 내가 더 알고 내가 더 해 줄 수 있으니까 도와줘야지. 이게 그냥 특별한 절차가 있다기보다 아이들 사이에서 자연스럽게 이루어지는 것 같아요. 도움을 준 그 친구는 또 다시 누군가에 의해서 도움을 받기도 하고요. _고유진 교사

2. 배움의 기쁨, 성취감 그리고 몰입

학생들은 다른 학생과의 비교가 없는 보편적 학습설계 수업을 통해 상대와의 비교를 통한 평가의 프레임에서 벗어났고, 배움에는 실패가 없다는 것을 알게 되면서 실패의 두려움으로부터 벗어나게 되었다.

사실은 여기서는 실패가 없는 거나 다름이 없어요. 물론 글 읽기 활동을 하는 동안 모르는 단어가 해결이 안 돼서, 글 읽기가 잘되지 않아서 뭐 여러 가지 이유들로 좌충우돌이 있겠지만 결국은 그거에 대한 해결책이 없는 게 아니거든요. 그런데 그 사실을 아이들은 스스로 좀 깨닫고 있는 것 같아요. 기존 수업에서는 해결이 안 되면 제가 직접 해결해줘야지만 풀렸던 거라면, 애들이 이제 그거를 자기네가 맡고 보니 아, 이거는 그냥 사전으로 찾으면 되는 거고. 어, 잘 안 되면 물어보면 되는 거고. 이런 것들에 대한 노력을 더 많이 하게 된다고 해야 되나? 그렇게 볼 때 아이들은 실패에 대한 두려움이 확실히 낮아진 것 같아요. _고유진 교사

보편적 학습설계 수업을 통해 배움이 누군가와의 경쟁, 그리고 그 속에서 느껴야 하는 열패감이 사라지면서 배움은 기쁨의 과정이 되었다.

'이 정도 수준의 기사문을 애가 읽을 수 있을까?'라고 했는데 읽어 내더라고요. 네. 물론 사전도 계속 찾고 저한테 물

학생들이 배움의 기쁨을 느끼고 몰입하는 모습

어보기도 하고 그랬지만 그게 되게 수고로울 수 있는데, 정
작 아이 입장에서는 그게 별로 고생이라는 생각을 안 하는
것 같았어요. _고유진 교사

배움이 기쁨의 과정으로 다가오면서 성취감을 느끼게 되었고 배움
에서 느꼈던 성취감은 다음 과제의 원동력이 되면서 선순환 구조가
형성되었다.

사실 선생님이 주는 과제는 게임처럼 흥미롭다기보다 하
기 싫은 숙제에 가깝죠. 그런데 이번과 같은 경우에는 자기
가 재미있어서 하니까 자발적인 동기에 의해서 움직이다 보
니 성취감이 더 커지고. 그러면 그 성취감이 그다음 차시에
서 제가 또 활동과제를 주면 그게 또 하나의 원동력이 되고.

그게 계속 이렇게 선순환이 되는 것 같아요. _고유진 교사

학생들이 성취감과 만족을 느꼈던 것은 배움의 기쁨에서 비롯된 것이기도 했지만 학습계획서나 점검표를 수업 전략으로 활용하면서 짧은 과제를 수행하고 완성의 경험을 한 것에서도 비롯되었다.

자기 이렇게 다 했다고. 다 검사받으려고 하고 도움을 받고 도움 주고 완수하는 그 경험 자체가 되게 좋은 것 같아요. 이거 체크하는 것, 저희 반 아이들은 안 잊어버리고 해요. 그래서 제가 체크해 주고… 수학 익힘책 하면서 동그라미치는 것. 제가 체크하는 게 되게 만족도가 큰가 봐요. 성취감을 느끼는 것 같아요. _민나현 교사

또한 선택권을 학생에게 주면서 학생들은 학습을 부담스러운 숙제로 여기지 않고 도전해야 할 게임의 미션처럼 느끼면서 배움의 기쁨을 느끼기도 했다. 아이들은 스스로 선택하는 자유가 주어지고 교사가 자신을 존중한다는 것을 느끼면서 자발적인 내면의 동기가 더 살아나게 되었고 더 적극적으로 배움에 임하게 되었다.

자유가 있어서 ㄱㄴㄷ 막 이렇게 순서대로 안 해도 되고, 자리가 없을 때는 그 다른 거 먼저 해도 된다고 하니까 아, 되게 좋았어요. _이유비 1학년 초등학생

선생님이 하라는 거 받아쓰기 같은 거 안 하고 혼자 선

택할 수 있으니까 좋아요. _김찬규 1학년 초등학생

내가 하고 싶은 걸 선택하는 게 정말 좋았다. 다음에도 이런 공부를 하고 싶다. 또 계획을 세우는 건 어렵지만 마지막에 다하고 나면 내가 이렇게 어려운 걸 했구나 하면 뿌듯하다. 다음에도 이런 걸 하면 좋겠다. _고은 3학년 초등학생

활동하면서 느낀 감정을 포스트잇 하나에다가 한 단어로 쓰게 했어요. 책무성 때문에 자기 이름을 항상 쓰게 해요. 안 그러면 누가 또 안 하고 막 이래서. 그런데 제일 많이 나온 게 단어가 fun, interesting, exciting 이런 거. 되게 재밌었다. 흥미로웠다. 이런 얘기가 가장 많았어요. 거의 절반 이상. _고유진 교사

배움의 기쁨과 성취감은 몰입으로 이어졌다. 수업 진도를 잘 따라가지 못하던 아이들도 쉬는 시간에도 쉬지 않고 계속 수업을 하기를 바랐으며, 학교에서 수업을 받지 못하는 주말이 얼른 지나고 평일이 되기를 바라기도 했다. 박민서 교사는 학부모로부터 "아이가 집에 와서도 계속 프로젝트를 하고 있는데 이런 일은 처음"이라는 얘기를 들었다.

이런 공부는 처음이다. 과학이 네 시간이라니 생각 못했다. 하지만 그래도 재미있었다. 근데 계획표 짜기가 좀 어려웠다. 그래도 짜고 나니 기분이 좋았다. 다음에도 했으면 좋

겠다. 근데 계획표는 짜기 힘드니 편하게 해야겠다. 알게 된 점을 처음으로 많이 썼다. 집에 가서 엄마에게 학교생활을 평소보다 더 자세히 알려 줄 생각이다. 내일 주말이다. 학교에서 공부를 못 한다. 괜찮다. 금방 평일이 되니깐. _박미나 3학년 **초등학생**

3. 공부가 즐겁지 않은 아이들의 도전과 참여

이러한 학생들의 변화는 특히 배움에서 어려움을 경험하고 있는 아이들에게도 나타났다. 서주희 교사가 과학을 가르쳤던 초등학교 6학년의 민규는 교실이나 과학실에서 학습활동에 참여하지 않으며 책상 밑에 숨어 있던 무기력한 학생이다. 그랬던 민규는 자신이 관심 있던 강아지를 매개체로 해서 교사가 자신에게 말을 걸어 주자 학습 주제였던 바이러스에 대해 관심을 가지고 학습활동에 참여하게 되었다.

그런데 민규가 계속 이상한 사진 검색해서 보고 그냥 자기 하고 싶은 거 하고 있더라고요. 민규한테 뭐 보고 있냐고 얘기하면서 같이 화면 보다가 강아지 사진을 우연히 보게 된 거예요. 그래서 '어! 민규야 강아지도 병이 걸린대.' '강아지 무슨 병 걸릴까? 세균이나 바이러스 감염되면 강아지도 병 걸린대.' 이러다가 광견병 이야기가 나오게 되고… 자기가 PPT도 만든다고 하고 민규가 활동에 몰입하기 시작했고. 그 이후에는 말을 걸지 않아도 계속 질문이 거의 폭포수

수업에서 학생들의 도전과 참여 모습

처럼 쏟아져요. 그래서 그 이후에는 저랑 이야기하는 것 말
고도 친구들 것 보라고. 한번 보면 거기도 신기한 거 나온다
고 해서 친구들 과제에도 관심을 갖게 되었어요. _서주희 교사

　민규에게 이러한 극적인 변화가 나타났던 것은 서주희 교사가 '한
명 한 명에게 더 많이 질문을 건넬수록 학생들이 성장할 수 있다'는
확신, 모든 아이에게 유의미한 경험을 조성하면 잠재 가능성을 발휘할
수 있다는 믿음이 있었기 때문이었다. 또한 민규의 변화는 보편적 학
습설계 수업의 참여의 원리가 적용된 결과이기도 하다. 서주희 교사
는 참여의 원리 중 학습자와의 관련성, 가치 등을 통해 학생의 흥미를
돋우는 다양한 선택을 제공하는 가이드라인을 적용함으로써 민규의
삶의 맥락에 기반을 두고 관심사인 강아지를 중심으로 대화를 이어
나갔고 이를 학습 주제인 미생물과 연계시켰던 것이다. 무언가를 알아

가는 즐거움을 알게 된 민규는 이후에도 세균과 바이러스에 대한 관심이 지속되면서 학습으로 이어졌다.

> 어제 6학년 4반 수업을 했거든요. 마지막 차시 수업이었는데 미생물과 관련된 간식 가져와서 먹어 보는 시간이어서 자칫 먹기만 하고 끝나는 시간이 될까 봐 자기가 가져온 음식 안에 미생물이 어떻게 관련이 되어 있는지 설명, 프레젠테이션한 다음에 애들이 다 듣고 '인정!'이라고 외치면 먹을 수 있는 활동을 했어요. 그런데 민규는 먹는 것도 먹는 것이지만 계속 저한테 와서 세균 어쩌고저쩌고 바이러스 어쩌고저쩌고 계속 질문을 하는 거예요. 그리고 이런 민규의 모습에 담임선생님도 너무 깜짝 놀라고. _서주희 교사

민규를 비롯한 학생들의 변화는 서주희 교사가 그들의 성장 가능성에 대해 더 신뢰하도록 만들었고, 학생 개개인에 대한 관심으로 이어졌다.

> 내가 생각하는 것보다 애들이 스스로도 잘할 수 있구나. 또 조금만 기다려 주면 되는 건데, 내가 못 참고 뭔가 개입을 해서 학생들의 흥미를 떨어뜨리지 않았을까? 이런 생각도 많이 들었고요. 일단은 학생들이 할 수 있다는 것을 믿고 내가 옆에서 도와주는 것이 장기적으로 봤을 때는 이 아이들의 역량 강화나 자존감 등에 큰 도움이 되겠다는 것이 보편적 학습설계 수업 적용을 통해 제가 느낀 거예요. 전에는 '이 수

업을 이런 활동으로 이렇게 해야지'라는 생각이 컸다고 치면 지금은 '내가 저 학생한테 무슨 효과적인 말을 던져서 그 아이가 한 단계 더 발돋움할 수 있게 만들어줄 수 있을까?' 하는 생각이 커졌어요. _서주희 교사

초등학교 3학년을 대상으로 과학 수업을 진행했던 박민서 교사도 지적장애 학생이나 정서장애 학생이 수업에 참여하는 의미 있는 변화를 목격하게 되었다.

공부를 하려고 하면 늘 교사와 학생들에게 심한 욕설을 계속 하며 아무것도 하지 않던 현서는 소란스러워 친구들에게 방해가 된다는 원성을 듣기도 했고 주제에서 조금 벗어나는 발표를 하기도 했으나, 골든벨에도 참여하고 본인 주메뉴로 전시관 안내판을 그리고 발표도 하며 즐겁게 참여를 했다. 규민이도 완벽히 이해를 하지는 못하지만 골든벨과 발표에 친구들의 도움으로 즐겁게 참여했다. 규민이와 현서가 방관자일 때보다 교사는 많은 안내가 필요했지만 수업설계를 하면서 수업 속으로 들어오게 하고 싶었던 규민이와 현서의 수업 참여는 의미가 있는 변화였다. _박민서 교사 성찰지

또한 한글 미해득이면서 수학의 연산을 힘들어하는 초등학교 2학년 민호도 '분류하기' 단원은 쉽게 해결하면서 학습에 대한 자신감을 얻게 되었다. 민호는 심지어 다른 아이들의 학습에 도움을 주는 꼬마 선생님을 자처하기까지 했다.

민호는 한글이 잘 안돼요. 그리고 연산에 가면 걔는 머리가 하얘져요. 그런데 분류하기에서는 너무 즐겁게 하는 거예요. 너무 즐겁게 하고 수학 익힘책 하면 한 번 해결해서 한 번 만에 통과가 돼요. 그리고 얘가 '선생님, 나도 꼬마 선생님 해도 돼요?'라는 얘기를 지난 시간에 하더라고요. _홍아정 교사

박형근 교사도 한글에 대해 어려움을 겪고 있는 아이들이 도전 과제에 도전하는 모습을 보면서 배움에 대한 성취감을 느꼈을 때 동기부여가 되고, 이는 학습에 대한 도전으로 이어진다는 것을 알 수 있었다.

특히 그러니까 찬규 같이 안 했던 애들이 하는 것 그리고 현수라는 애, 서진이, 은빈이 다 한글이 굉장히 어려운 아이들인데 본인들이 열심히 하고 막 틀리면서도 도전을 하고, 어쨌든 그런 도전정신을 갖는 것이 되게 좋았습니다.

_박형근 교사

이처럼 보편적 학습설계 수업을 통해서 학습 의욕이 없고 무기력한 학생도, 지적장애나 정서장애가 있는 학생도, 기초학력이 부족한 학생도 각자 배움의 속도에 따라 학습에 참여하게 되었다. 그리고 배움의 기쁨과 자신감을 얻게 되었다.

Q & A

보편적 학습설계를 실천한 교사들이 말한다! 보편적 학습설계 수업이 현장에서 실현되려면 어떻게 해야 할까요?

1. 보편적 학습설계 개념의 확산 및 정책적 추진

보편적 학습설계의 개념을 다양한 교육 영역에 적용해야 한다. 보편적 학습설계 교육과정, 보편적 학습설계 수업, 보편적 학습설계 평가, 보편적 학습설계 공간 혁신, 보편적 학습설계에 따른 학습 매체 구비 등으로 보편적 학습설계의 개념을 확장하여 사용할 필요가 있다.

아울러 보편적 학습설계 수업은 정책적으로 추진해야 한다. 보편적 학습설계 수업은 학생중심 교육과정, 배움중심수업 철학과도 부합하며, 새로운 미래교육을 열어 가는 차원에서 교육적 의제로 삼을 필요가 있다. 이에 따른 행·재정적 지원과 함께, 교원의 연수 프로그램에도 포함시켜 추진할 것을 제안한다.

2. 교육과정과 교사의 역할 전환

현행 교육과정 틀 안에서 보편적 학습설계 수업을 실천하기에는 많은 제약이 따른다. 보편적 학습설계 수업을 활성화하려면 교육과정의 대강화와 유연화는 물론이고, 학교나 학급에서 편제를 유연하게 편성할 수 있도록 해야 한다. 교육과정의 과다 분량 문제와 난도, 보편적 학습설계 수업 확산을 위한 평가 체제 미비 등도 실제적인 걸림돌로 작용하고 있다. 따라서 국가수준 교육과정에서 촘촘하게 포함되어 있는 교과의 내용 체계를 역량 중심으로 재구성해야 한다. 또한 무엇을 학습할 것인가에 대한 판단과 결정권한을 국가에서부터 교사로, 또 학생으로 차츰 이양해야 한다. 더불어 교사 스스로 '내려놓음'도 필요하다. 수업은 교사가 주도적으로 이끌고 가야 한다는 생각과, '가르치는' 교사와 '배우는' 학생이라는 이분법적 사고를 내려놓으면서 교사의 역할에 대해 새롭게 성찰해야 한다.

3. 진단 도구 및 학습 준비물 지원 개선

보편적 학습설계 수업을 위해서는 개별 학생을 진단하기 위한 다양한 방식의 진단 도구가 필요하다. 이를 위해서는 기존에 개발된 다양한 진단 프로그램을 교육지원청 차원에서 수집하여 학교에 홍보해야 한다. 또한 교육청(교육지원청)에서 다양한 진단 프로그램을 개발하여 교실에서 상시 활용할 수 있는 온오프라인 시스템을 구축해야 한다. 교과 단위, 동학년 단위, 특히 초등의 경우 학급 단위에서의 학습 지원 체제 구비가 필요한 상황이다.

보편적 학습설계 수업을 위해서는 현행 학습 준비물 지원 제도를 개선해야 한다. 현행 학습 준비물은 표준화된 수업을 전제로 학생 개인 준비물을 학교에서 일괄로 구비하고 있으며, 매년 비슷한 목록의 학습 준비물을 구입하고 있다. 보편적 학습설계 수업을 활성화하려면 획일적인 학습 준비물이 아니라 다양한 수업을 위한 학습 준비물 구매로 이어져야 하며, 교구 구입을 위한 예산의 활용도를 높일 필요가 있다. 혁신교육지구사업에 학습 준비물 관련 예산이 포함되어 있는 경우가 많으므로, 더욱 면밀하게 검토할 것을 제안한다. 단위학교에서 구입하기 어려운 고예산, 일회성, 특수한 교구(준비물 포함)는 교육지원청별로 구입하여 학교로 목록을 안내하고 학교에서 필요시 대여하는 방안을 제안한다.

4. 디지털 환경 학습 지원 체제 구축

보편적 학습설계 수업에서는 표상의 방법으로서 다양한 형태의 학습 자료를 제공하게 된다. 이에 유튜브 활용 등 인터넷 기반의 학습 지원 체제 구축이 요구되는 상황이다. 학생들에게 유튜브는 오락 공간이면서 비형식 학습의 공간이다. 유튜브 학습 영상이 수업 자료로 활용되고, 학생들의 복습에도 활용된다. 보편적 학습설계 수업과 교사들의 학습역량 강화를 위해 유튜브를 포함한 ICT 활용 능력 함양을 위한 연수를 강화할 필요가 있다.

5. 기타 정책적 보완점

실행연구 결과, 보편적 학습설계 수업을 통해 학생들의 수업 효과성을 높이기 위해서는 1수업 2교사제가 도입되어야 한다. 1수업 2교사제에 대한 다양한 의견이 있지만, 개별맞춤형 교육을 실시하기 위해서는 정규 교사가 아니더라도 수업을 지원할 수 있는 인력이 필요하다. 교사의 적절한 역할 분담을 통해 수업의 효율성과 학생의 수업 만족도를 제고할 수 있을 것으로 판단된다.

이 밖에도 우리나라 교사들이 다른 OECD 국가 교사들보다 더 많은 행정업무에 얽매여 있는 상황을 타개할 방법을 찾아야 한다. 그리고 학급당 학생 수 감축, 공간 재구조화 등을 정책적으로 보완해 가야 한다. 특히 보편적 학습설계 수업 관련 연수가 마련되어야 하며, 보편적 학습설계 수업에 대한 인식 제고를 위한 홍보와 연수도 실시되어야 한다.

맺음말

우리는 교육에서 경쟁의 조건을 평등하게 만들어서 아이들의 출발선을 같게 하는 것이 중요하다고 말한다. 이를 위해서는 균등한 교육기회의 조건을 조성하는 보편적 교육복지 정책이 필요하다. 그런데 보편적 교육복지는 그 자체가 목적이 아니며 '매개적 정책'이라고 할 수있다. 더욱 적극적인 복지로서 학습복지가 요구된다. 학습복지는 '학생 개개인의 학업성취 수준과 선호하는 학습 양식에 맞는 학습 기회를 보장하여 잠재능력을 개발하는 것'으로서, 전자가 조건과 과정의 평등에 초점이 맞춰져 있다면 후자는 공정한 결과를 중시하는 것이다. 그리고 공정한 결과를 위해 적극적인 복지로서의 학습복지를 가능하게 하는 방법 중 하나가 보편적 학습설계 수업이다. 보편적 학습설계 수업은 학습복지 실현의 중요한 기제가 되는 동시에 결과의 공정성을 실현할 수 있다는 점에서 교육의 형평성 구현을 가능하게 한다.

이 책은 단순히 보편적 학습설계의 원리를 적용하는 하나의 수업방법이나 모형을 제시하기 위한 것이 아니다. 미래교육에서 우리가 추구하는 공교육의 이상적인 모습은 모든 아이들이 학습선택권을 보장받고, 모두의 잠재능력을 개발할 수 있으며, 학생 개개인에게 유의미한 학습 경험을 창출할 수 있는 교육이 실현되는 것이다. 따라서 이 연구를 통해 한 아이도 소외시키지 않고 '보자기'처럼 모두 싸서 데리고 갈 수 있는 교육을 실현하기 위한 조건을 탐색하고자 했으며 미래교육의 중요한 지향점인 '학습자 주도 교육'조윤정 외, 2017과 교육 형평성 구현을 위한 기제를 탐색하고자 했다.

이 연구를 통해 교육적 평등과 형평성, 그리고 모든 아이들이 배움의 공통의 목표에 도달할 수 있으며 모두가 의미 있는 배움을 통해 성장 가능해야 한다는 교육적 명제가 보편적 학습설계 수업을 통해 실현 가능하다는 것을 엿볼 수 있었다. 결국 공교육에서는 무엇보다도 모든 아이들의 학습권 실현을 가장 중요한 목적으로 삼아야 하며, 그것을 가능하게 하는 기제 중 하나가 보편적 학습설계 수업임을 알 수 있었다.

모든 아이들이 유의미한 배움을 통해 인간으로서의 고유한 자신의 가치를 찾아가고 성장한다는 것은 배움에서 소외되고 열패감을 느꼈던 아이들에게만 해당되는 것이 아니었다. 보편적 학습설계 수업에서 말하는 '모두'를 위한 교육에는 그간 역차별을 받았을 수도 있는 성취 수준이 높은 아이들의 성장도 포함되었다. 하지만 더 주목할 만한 것은 학습에 전혀 관심이 없고 배움에서 어떤 의미도 찾기 어려웠던 아이들이 배움을 즐거운 것이며 자기 삶에 의미 있는 것으로 느끼기 시작했다는 점이다.

보편적 학습설계 수업을 하기 전에는 책상 밑에 숨어 있던 아이가 광견병을 통해 과학 수업내용인 바이러스에 관심을 갖게 되고, 한글 받침을 해득하지 못했던 아이가 쉬는 시간에도 계속 공부하고 싶어 하면서 배움의 즐거움을 알게 되었다. 또 주말이 지나고 학교에 가는 평일이 빨리 오면 좋겠다고 말하는 아이들의 모습은 정서장애 학생이나 기초학력 미달, 학습부진 학생들에 대한 새로운 접근의 가능성을 보여 준다. 물론 가정과 지역사회, 학교가 지원 체제를 구축하여 이들을 지원해야 한다. 하지만 교사가 모든 아이들이 다 배울 수 있으며 잠재력을 지녔다는 것을 믿고 학생들을 바라보는 관점을 지니게 되었을 때, 아이들에게서 의미 있는 변화를 이끌어 낼 수 있다. 그리고 바로 이것이 '학습격차'를 해소할 수 있는 가능성을 보여 주는 지점이다.

이 책에서 굳이 '교육격차'대신 '학습격차'라는 용어를 사용한 것은 학교의 교육 통제가 불가능한 교육 외적인 요인을 제외하고 공교육에서 할 수 있는 부분에 집중하고자 했기 때문이다. 교육 외적인 요인을 해소하기 위해서는 광범위한 사회보장 정책이나 복지 정책 등의 수립과 실행이 뒷받침되어야 하지만, 이제 학습의 영역은 보편적 교육복지에서 학습복지로 이동하고 있다. 이러한 맥락을 고려할 때 보편적 학습설계 수업은 학습격차 해소를 위해 교실 현장에서 실천할 수 있는 구체적이고 실현 가능한 방법 중 하나다.

이 연구를 통해 깨닫게 된 것은 보편적 학습설계 수업은 수업 방법이나 모형이 아니라 교사의 관점이자 패러다임이라는 점이다. 이제 교사들은 자신의 수업과 교육적 실천을 보편적 학습설계라는 렌즈를 통해 바라보아야 한다. 중요한 것은 수업 방법이나 테크닉, 지식과 기능의 개선이 아니라 관점의 전환이다. 그렇다면 교사들의 관점 전환은 어떻게 이루어지는가? 그것은 교사의 지속적인 성찰에서 비롯된다. 독특한 사례에 대한 새로운 이론 구성Schön, 1983을 성찰이라고 정의한다면, 자신이 기존에 가지고 있던 수업과 교육과정, 그리고 학생과 배움을 바라보는 틀과 고정관념을 해체시켜 새로운 틀로 재구성할 필요가 있다. 이때 새로운 틀은 보편적 학습설계 수업을 말하며, '교사의 가르침'에서 '학생의 배움' 중심으로 인식과 행동의 틀과 준거를 재구성해야 한다. 그리고 이러한 재구성의 과정은 끊임없이 이루어지면서 지속적인 성찰의 과정이 작동되어야 한다. 본 연구에서 도출한 보편적 학습설계의 수업 절차에서도 지속적인 성찰의 과정이 강조되었다.

교사의 성찰은 "의미의 수동적인 재생산이 아니라 능동적 생산"Elliot, 1991이라는 점에서 새로운 교육적 실천과 교육혁신을 가능하게 하는 원동력이 될 것이다. 이제 성찰은 교사의 중요한 전문성의 하나로서 부각되고 있다는 점에서오욱환, 2013; Schön, 1983, 1987; Tom, 1985, 교원양성 교육과정이나 교원연수 프로그램에서도 본 연구에서 강조된 성찰의 중요성을 부각시켜 교사가 갖추어야 할 전문성의 한 요소로 다루어야 한다. 또 배움과 학생을 바라보는 렌즈로서 보편적 학습설계의 원리를 가르칠 필요가 있다. 수업 방법이나 지식과 기능도 중요하지만 무엇보다 교사로서 갖추어야 할 자질은 모든 아이들에게 의미있는 배움을 위한 경험을 제공하고 모든 아이들이 배울 수 있다는 관점을 갖는 것임을 염두에 두어야 한다. 본 연구에서도 보편적 학습설계 수업에서 기존의 수업 방법과 크게 차별화되지 않은 실천을 했음에도 불구하고 교사 자신과 아이들에게 변화가 일어났던 것은 결국 관점이나 패러다임의 변화에서 시작되었고, 변화된 관점을 바탕으로 활용한 수업 전략에서 비롯되었던 것임을 알 수 있었다.

특히 정서장애 학생이 증가하고 있는 오늘날의 교육 현실에서 보편적 학습설계의 세 번째 원리인 '참여의 원리'를 적용하면 아이들의 정서적 역량을 함양할 수 있고, 코로나19로 인해 중요하게 부각되고 있는 동기부여나 자기주도학습 능력 제고가 가능하다는 점에서 교원연수 프로그램이나 교원양성 교육과정에서 더욱 중요하게 여겨야 할 부분이다. 아울러 온라인 수업 콘텐츠를 개발할 때에도 보편적 학습설계의 원리를 적용할 필요가 있다. 학습과정에서 학습자가 습득해야할 지식을 이해하기 쉽도록 학습 내용을 다양한 형태로 제공하고, 학습자가 알고 있는 다양한 방법으로 표현할 수 있도록 하며, 모든 학습자들이 수업에 적극적으로 참여할 수 있도록 왜 배워야 하는지에 대해 설명하면서 학습 동기를 유발하도록 하는 것이다.

마지막으로 보편적 학습설계 수업이 아이들에게 학습 내용의 제시 방법과 학습 결과의 표현 방법 등에 선택권을 부여하고, 자신의 배움의 단계와 속도에 따라 학습할 수 있도록 했다고 하여 배움의 수준을 하향평준화한 것이 아니라는 점을 염두에 두어야 한다. 전술한 바와 같이 보편적 학습설계 수업은 수준별 수업이 아니며 모든 아이들이 공통의 목표에 도달할 수 있도록 촉진하고 있다.Rose et al., 2010 현재의 교육적 상황에서는 공통의 목표가 의미하는 것은 국가수준 교육과정에서 제시한 성취기준에 도달하는 것을 의미한다. 실행연구의 결과에 의하면, 성취기준을 달성했는지를 확인하는 방법으로 학습점검표나 아이들이 스스로 정한 평가기준의 달성 여부, 학습 저널, 동료평가 등이 주로 활용되었다. 서주희 교사의 사례에서도 알 수 있듯이 학생들이 스스로 정한 평가계획에 따라 학습한 결과를 통해서도 성취기준 달성이 가능했음을 알 수 있다.

실행연구에서 보편적 학습설계 수업 실천을 통해 국가수준 교육과정에서 제시한 성취기준 달성이 가능함을 알 수 있었지만, 보편적 학습설계 수업을 비롯해 미래형 교육과정을 실천하기 위해서는 현재 교사나 교육전문가들의 평가에 대한 기존의 사고 틀을 깨야 한다. 교육과정에서 명시하고 있는 학습목표 도달을 목표로 하고 그 과정을 기록하는 형성평가는 측정에 근거한 기존의 평가와 다르지 않다는 점에서박정, 2018; Swaffield, 2011, 학생 역량의 성장을 '객관적인' 지필평가 중심으로 측정하거나 학생 성장을 성취의 향상으로 바라보는 전통적 입장을 고수해서는 안 된다.[15] 학습을 위한 평가나 성장중심평가를 말하면서도 여전히 학습목표나 성취기준에 집착하고 있다면 진정한 의미에서의 학생의 성장을 제한하고 학생의 사고를 한정하게 될 것이다.

본 연구에서도 보편적 학습설계 수업을 통해 모든 아이들의 성취기준 달성이 가능할 뿐 아니라 학생들이 자신이 학습한 내용에 대한 평가계획까지 수립하도록 함으로써 학습으로서의 평가의 취지에 부합했을 뿐 아니라 학습자 주도 교육의 가능성을 보여 주었다. 진정한 의미에서의 '학습으로서의 평가'나 성장중심평가를 실시하기 위해서는 수업을 개선하고 학습을 지원하는 평가에 학생이 적극적으로 참여하는 평가를 강조함으로써 학습을 위한 평가의 본래적 의미를 살려야 한다. 또한 평가를 학습 그 자체로 보는 학습으로서의 평가라는 개념이 자리 잡아야 할 것이다.Earl, 2013

아울러 보편적 학습설계 수업이 정착되고 교육현장에 확산되기 위해서는 학습자가 나아갈 지향점(Learning intentions: 학습 의도, 학습 목표)을 설정하여 공유하고, 그다음으로 학습자의 현재 수준과 상태를 파악하여 얼마나 성장했는지를 중심으로 평가하며, 성장을 위한 피드백을 제공하는 방식으로 평가가 바뀌어야 할 것이다.Black & William, 1998 실증주의적 관점에서 모두에게 공정한 평가 도구를 제작하여 똑

---

16. 교사의 진술이나 구술 피드백도 평가의 일부로 받아들이고 있기는 하지만 여전히 평가는 최소한 도달 여부나 상중하 정도의 정보는 주어야 한다는 무의식적 인식이 내재되어 있다(박정, 2018).

같은 잣대로 측정하는 것이 객관적이고 공정하다는 인식에서 벗어나, 모든 학생의 성장을 지원하는 도구로서의 평가 개념이 자리 잡을 때 진정한 의미에서의 공정성과 형평성을 구현할 수 있을 것이다.

참고 문헌

경기도교육청(2018). 학생의 전면적 발달을 돕는 성장중심평가. 경기도교육청 교
  육과정정책과.
김경민·송찬원(2005). 통합교육의 새로운 패러다임으로서의 유니버설 디자인 철
  학의 고찰. 특수교육연구, 12(2), 67-84.
김기수·김위정·박혜진·김아미·김혜정·김성기·김승보·임재일(2018). 경기미래교
  육 비전과 전략 연구. 경기도교육연구원.
김남진(2019). 보편적 학습설계의 기본. 부크크.
김남진·김용욱(2017). 보편적 학습설계(UDL)와 차별화 교수의 관계 고찰. 특수
  교육 저널: 이론과 실천, 18(4), 157-182.
김남진·우정한(2016). 보편적 학습설계의 개념 확장 및 실행 과정에 관한 이론
  적 고찰. 특수교육재활과학연구, 55(3), 205-224.
박정(2018). 형성평가와 평가의 객관성. 교육평가연구, 31(3), 483-499.
오욱환(2013). 교사 전문성: 교육전문가로서의 교사에 대한 논의. 교육과학사.
온정덕·변영임·안나·유수정(2018). 교실 속으로 간 이해중심 교육과정. 살림터.
윤자영(2012). EIS이론에 따른 수학교과 연구: 중학교 1학년 함수 단원을 중심으
  로. 석사학위논문, 인하대학교 교육대학원.
이수광(2011). 왜 학습복지인가? 보편적 교육복지, 그다음 과제를 위한 발전적
  시론. 우리교육, 44-51.
이수광 외(2015). 4·16교육체제 비전과 전략 연구. 경기도교육연구원.
이학준·김남진·김용성(2017). 보편적 학습설계: 연구와 실제. 부크크.
정석(2013). 나는 튀는 도시보다 참한 도시가 좋다. 효형출판.
정주영(2012). 통합교육 환경에서 보편적 학습설계에 근거한 보편적 교육과정 설
  계의 가능성 탐색. 지적장애연구, 14(2), 249-281.
조윤정·김아미·박주형·정제영·홍제남(2017). 미래학교 체제 연구: 학습자 주도
  성을 중심으로. 경기도교육연구원.
현주·유지연·전신영(2010). 모든 학생들을 위한 보편적 학습설계: 보편적 학습
  설계의 정책 도전 과제 및 권고안을 중심으로. 한국교육개발원.

Black, P. & Wiliam, D.(1998). Inside the black box: Raising standards through classroom assessment. *Phi Delta Kappan, 80*(2), 139-148.

Bowe, F. G.(2010). 교육에서의 보편적 설계(김남진·김용욱 옮김). 시그마프레스(원저 2000년 출간).

Bray, B., & McClaskey, K.(2017). *How to personalize learning: A Practical Guide for Getting Started and Going Deeper*. Thousand Oaks, CA: Corwin Publishers.

Center for Universal Design.(1997). *What is universal design?* North Carolina State University. Retrieved June 4, 2003 from http://www.design.ncsu.edu:8120/cud/univ_design/princ_overview.htm.

Csikszentmihalyi, M.(1999). 몰입의 즐거움(이희재 옮김). 해냄출판사(원저 1997년 출간).

Clear, J.(2019). 아주 작은 습관의 힘(이한이 옮김). 비즈니스북스(원저 2018년 출간).

Council for Exceptional Children(2006). 보편적 학습 설계: 교사들과 교육전문가들을 위한 지침서(노석준 옮김). 아카데미프레스(원저 2005년 출간).

Dewey(1910). *How we think*. Boston: Heath and Co.

Elliot, J.(1991). *Action research for educational change*. Buckingham: Open University press.

Earl, L. M.(2013). *Assessment as learning*(2nd Ed). Thousands Oaks, CA.: Corwin Press.

Hall, T. E., Meyer, A., & Rose, D. H.(2018). 보편적 학습설계 기반 수업(김남진·김용욱 옮김). 학지사(원저 2012년 출간).

Hall. T. E., Vue, G., Strangman, N., & Meyer, A.(2003). *Differentiated instruction and implications for UDL implementation*. MA: National Center on Accessing the General Curriculum.

Gargiulo, R. M., & Metcalf, D.(2017). *Teaching in today's inclusive classrooms: A universal design for learning approach*(3rd ed.). Boston, MA: Cengage Learning.

Gregory, G. H., Chapman, C., & McTighe, J.(2014). 맞춤형 수준별 개별화 수업 전략(3판). (조영남·나종식·김광수 옮김). 학지사(원저 2012년 출간).

Mace, R. L.(1998, June). *A perspective on universal design*. An edited excerpt of a presentation at Designing for the 21st Century: An

International Conference on Universal Design. Retrieved December 26, 2002 from http://www.adaptenv.org/examples/ronmaceplenary98.php

Meyer, A., Rose, D. H., & Gordon, D.(2014). *Universal design for learning: Theory and practice.* Wakefield, MA: CAST Professional Publishing.

OECD(2018). *Education at a Glance 2018: OECD Indicators.* OECD.

Rose, D. H., & Meyer, A.(2002). *Teaching every student in the digital age: Universal design for learning.* Alexandria, VA: Association for Supervision and Curriculum Development.

Rose, D. H., Meyer, A. & Hitchcock, C.(2010). 보편적 학습설계: 접근 가능한 교육과정과 디지털 테크놀로지(안미준·노석준·김성남 옮김). 한양대학교 출판부(원저 2005년 출간).

Rose, T.(2018). 평균의 종말(정미나 옮김). 21세기북스(원저 2015년 출간).

Schön, D. A.(1983). *The reflective practitioner, how professionals think in action.* New York: Basic Books.

Schön, D. A.(1987). *Educating the reflective practitioner.* San Francisco: Jossey-Bass.

Swaffield, S.(2011). Getting to the heart of authentic assessment for learning. *Assessment in Education: Principles, Policy and Practice,* 18(4), 433-449.

Tom, A.(1985). Inquiring into inquiry-oriented teacher education. *Journal of Teacher Education, 36*(5), 35-44.

Tomlinson, C. A.(2009). 수준차가 다양한 교실에서의 효율적인 개별화 수업(황윤한·조영임 옮김). 교육과학사(원저 2001년 출간).

Tomlinson, C. A., & McTighe, J.(2018). 맞춤형 수업과 이해중심 교육과정의 통합(김경자·온정덕·장수빈 옮김). 학지사(원저 2006년 출간).

White, J.(2014). 잘삶의 탐색: 학교교육의 새로운 목적(이지헌·김희봉 옮김). 교육과학사(원저 2011년 출간).

Whitehead, A, N.(2009). 교육의 목적(유재덕 옮김). 소망(원저 1929년 출간).

초등 수학 수업
수학 3학년 1학기 6단원 오감 play 분수와 소수

1. 교과 선택 및 수업설계 의도

▶ 왜 수학 교과인가?

기존에 했던 단원 설계나 통합 수업안들을 살펴보면, 학생들의 '선택'이 '주제'라든지, '결과물'에 주로 한정되어 있었던 것 같다. 학생들이 부진을 많이 느끼는 교과보다는 창의적인 아이디어나 탐구 기능에 초점을 두어 학생들의 흥미와 자발성을 이끌어 내고자 하였다. 하지만 이번에 적용할 UDL(보편적 학습설계) 수업은 기존에 적용했던 설계 방법과 그 출발점과 의도하는 바가 분명히 다름이 느껴졌다. UDL은 건축학의 보편적 설계의 개념에서 비롯되어 특수교육에서 먼저 활발히 적용되었다면, 차별화 교수는 일반교육학 그리고 그 중에서도 영재교육에서 근원을 찾을 수 있다. 보통의 아이가 가진 강점, 흥미 등을 바탕으로 그 아이의 최대한의 교육적 성장을 지원하는 것도 마땅하지만 교육격차가 더욱 커 가는 요즘에, 이래도 저래도 공부에 흥미를 느끼지 못하고 너무나 격차가 벌어져 못 따라오는 아이들을 위한 공교육 현장에서의 지원이 더 필요하다

---

*부록 자료는 보편적 학습설계 수업에 참여한 교사들이 수업과정 중에 실행하고 느낀 내용을 기록한 자료이다. 교과나 단원을 선택한 의도, 수업설계 및 실행 내용, 보편적 학습설계 요소 적용 내용, 수업 실천 후 교사의 성찰 내용과 학생들의 변화, 수업 시 활용한 수업 자료와 학습지 등이 포함되어 있다.

고 생각한다. 1교사 다인수 학생, 주어진 진도와 시수, 정해진 수업 시간 내에서 이런 아이들까지 전부 보듬고 가기에는 교사로서 한계가 느껴졌고, 다른 이들도 그럴 것이라는 생각에 마음의 불편함에서 어느 정도 벗어나려고 했던 것도 사실이다. 그러던 차에 UDL을 알게 되었고, 특히 '특수교육'에서 먼저 연구가 이루어졌던 만큼, 학습에 어려움을 느끼는 아이, 장애의 경계선에 있는 아이들을 위해 적합한 학습설계라는 생각이 들었다. 또 이 학습설계가 가장 빛을 볼 교과가 무엇일까 생각해 보니 부진이 가장 많이 생기고, 부진의 누적이 심한 '수학' 교과가 적합하다는 생각이 들었다. 어느 한 수업 모형, 설계 방법에 치우지지 않고, 교육 내용의 성격에 따라 적절한 교육 방법을 선택할 수 있는 교사로서의 전문성이 중요하다고 여기는 터라, 이런 부분을 좀 더 고려하여 선택하고자 하였다.

⇨ 학습부진과 이해에 어려움을 겪는 수학 교과가 보편적 학습설계 수업에 가장 적합한 교과이지 않을까 하는 생각~!

▶ 왜 6단원 분수와 소수 단원을 선택하였나? 그리고 이 단원의 설계 의도는?

수학을 포기하는 학생을 뜻하는 '수포자'라는 단어를 주변에서 쉽게 접할 정도로 수학에 어려움을 호소하는 학생들이 많은데, 뉴스에서 학생들이 수학에서 처음으로 어려움을 겪는 시점이 '분수'를 배울 때라는 연구 결과를 본 적이 있다. 그렇기 때문에 더 체계적이고 신중한 접근법이 필요하다고 여겼고, UDL을 적용하기에 적합한 단원이라 생각했다.

일단 내용 구성은 교과의 순서를 따랐다. 2009 개정 교육과정의 '3-1-6. 분수와 소수' 단원과 2015 개정 교육과정의 '3-1-6'의 순서를 비교하니, 크게 달라지지 않았고, 학생의 이해를 고려한 분수와 소수의 내용 체계(순서)일 것이라는 생각이 들었다. 우선, 일상생활의 친숙한 등분할 상황에서 전체가 1인 연속량을 똑같이 나누는 활동으로 등분할 개념을 이해하고, 이를 기초로 분수의 개념 알기, 다양한 상황에서 부분과 전체의 크기를 분수로 나타내기, 분모가 같은 진분수 크기 시각적으로 비교하기, 단위 분수끼리 크기 비교하기, 분모가 10인 진분수를 통해 소수 한 자릿수를 이해하며 소수점을 사용하여 소수를 쓰고 읽는 법 알기, 길이를 나타내는 상황에서 대소수를 이해하기, 소수의 크기 비교하기, 생각 수학, 잘 공부했는지 확인하기, 추가 수행과제 탐구 시간의 흐름으로 차시의 순서를 구성하고자 하였다.

내용 제시는 전 단원에서도 적용했던 스토리텔링, 구체적 조작물 사용과 학습자의 특성을 고려한 아이들이 좋아할 오감 play 활용 게임을 활용해 아이들이 즐겁게 수학 수업에 임하기를 바랐다. 더불어 각기 학습 속도가 다른 아이들을 위한 선택 학습(+나의 학습 스케줄표)을 제공하여, 해당 내용의 심화, 보충 활동이 이루어지도록 하였다.

설계 흐름

1. 교육과정 및 교과 내용 이해하기
2. 학생들의 교과 이해에 대한 지식(준비도) 파악하기
   1) 사전 학습 개념 준비도 파악
   2) 오개념 및 오류 파악
3. 학생들의 학습유형, 흥미 파악하기
4. 수업의 흐름 및 교수 방법, 환경 유연하게 적용하기
5. 수업 활동 계획

---

2. 교육과정 및 교과 내용 이해하기

1) 각론 살펴보기

수학과	성격	수학의 개념, 원리, 법칙을 이해하고 기능을 습득하여 주변의 여러 가지 현상을 수학적으로 관찰하고 해석하며 논리적으로 사고하고 합리적으로 문제를 해결하는 능력과 태도를 기르는 교과 수학 내용은 '수와 연산', '도형', '측정', '규칙성', '자료와 가능성' 5개 영역
	교과 역량	문제 해결, 추론, 창의·융합, 의사소통, 정보처리, 태도 및 실천
	초등 목표	가. 생활 주변 현상을 수학적으로 관찰하고 표현하는 경험을 통하여 수학의 기초적인 개념, 원리, 법칙을 이해하고 수학의 기능을 습득한다. 나. 수학적으로 추론하고 의사소통하며, 창의·융합적 사고와 정보 처리 능력을 바탕으로 생활 주변 현상을 수학적으로 이해하고 문제를 합리적이고 창의적으로 해결한다. 다. 수학 학습의 즐거움을 느끼고 수학의 유용성을 인식하며 수학 학습자로서 바람직한 태도와 실천 능력을 기른다.

2) 내용 체계표

영역	핵심 개념	일반화된 지식	학년(군)별 내용 요소			기능
			1~2학년	3~4학년	5~6학년	
수와 연산	수의 체계	수는 사물의 개수와 양을 나타내기 위해 발생했으며, 자연수, 분수, 소수가 사용된다.	• 네 자리 이하의 수	• 다섯 자리 이상의 수 • 분수* • 소수*	• 약수와 배수 • 약분과 통분 • 분수와 소수의 관계	(수) 세기 (수) 읽기 (수) 쓰기 이해하기 비교하기 계산하기 어림하기 설명하기 표현하기 추론하기 토론하기 문제 해결하기 문제 만들기
	수의 연산	자연수에 대한 사칙계산이 정의되고, 이는 분수와 소수의 사칙계산으로 확장된다.	• 두 자릿수 범위의 덧셈과 뺄셈 • 곱셈	• 세 자릿수의 덧셈과 뺄셈 • 자연수의 곱셈과 나눗셈 • 분모가 같은 분수의 덧셈과 뺄셈 • 소수의 덧셈과 뺄셈	• 자연수의 혼합 계산 • 분모가 다른 분수의 덧셈과 뺄셈 • 분수의 곱셈과 나눗셈 • 소수의 곱셈과 나눗셈	

3) 단원 학습 계열 세부 파악하기 ★(선수학습 요소 파악)

전 학년 학습 내용	본 학습	후속 학습
• 칠교판으로 모양을 만들어 보기 (2-1, 2. 여러 가지 모양)	• 등분할을 통해 분수 개념 이해하기 • 전체와 부분의 관계를 분수로 나타내기 • 분모가 같은 진분수의 크기 비교하기 • 단위 분수의 크기 비교하기 • 분모가 10인 진분수를 통하여 소수 개념 이해하기 • 자연수와 소수 이해하기 • 소수의 크기 비교하기	• 분수(3-2, 4. 분수) • 분수의 덧셈과 뺄셈 (4-2, 1. 분수의 덧셈과 뺄셈) • 소수의 덧셈과 뺄셈 (4-2, 3. 소수의 덧셈과 뺄셈)

4) 성취기준 재구조화(UDL 목표 설계)

관련 단원	성취기준	차시	목표		
			전체	일부	소수
6. 분수와 소수	[4수01-10] 양의 등분할을 통하여 분수를 이해하고 읽고 쓸 수 있다. [4수01-11] 단위 분수, 진분수, 가분수, 대분수를 알고, 그 관계를 이해한다. [4수01-12] 분모가 같은 분수끼리, 단위 분수끼리 크기를 비교할 수 있다.	13	양의 등분할을 통하여 분수를 이해하고 읽고 쓸 수 있으며, 단위 분수를 알고 분모가 같은 분수와 단위 분수의 크기를 비교할 수 있다.	분수를 이해하고 설명할 수 있으며, 단위 분수를 설명하며, 이에 대한 응용문제를 해결할 수 있다. 분수의 크기를 비교하는 여러 문제를 해결할 수 있다.	– 분수 개념 및 단위 분수, 분수 크기 비교를 이해해 다양한 문제 해결 상황에 적용하거나, 문제 만들기 및 다른 친구에게 이와 관련된 도움을 줄 수 있다. – 도움을 받아 분수 개념 및 단위 분수, 분수 크기 비교를 이해할 수 있다.
	[4수01-13] 분모가 10인 진분수를 통하여 소수 한 자릿수를 이해하고 읽고 쓸 수 있다. [4수01-15] 소수의 크기를 비교할 수 있다.		분모가 10인 진분수를 통하여 소수 한 자릿수를 이해하고 쓸 수 있으며, 소수의 크기를 비교할 수 있다.	소수 한 자릿수를 이해하여 능숙하게 문제를 해결하며, 소수 크기 비교의 적용 문제를 해결할 수 있다.	– 소수 한 자릿수 이해 및 소수의 크기 비교를 이해해 여러 문제 해결 상황에 적용하거나, 문제 만들기 및 다른 친구에게 이와 관련된 도움을 줄 수 있다. – 도움을 받아 소수 한 자릿수 이해 및 소수의 크기를 비교할 수 있다.

3. 학생들의 교과 이해에 대한 지식(준비도) 파악하기

1) 사전 학습 개념 준비도 파악

전 학년 학습 내용	잘 알고 있어요	대체로 알고 있어요	잘 모르겠어요	UDL 학습설계 요소
칠교판으로 모양을 만들어 보기(2-1, 2. 여러 가지 모양)	17명	이○○, 이○○, 박○○, 양○○, 이○○, 최○○	유○○	3.1 배경지식을 제공하거나 활성화시키기 - 수업 전 2학년 배운 내용 전체 구조화 학습 실시

2) 난개념, 오개념 및 오류 파악

영역	제재	오류 유형	지도 방안	UDL 학습설계 요소
분수	등분할 오개념	균등하게 나누지 못한다.	시범 및 그림, 사례 제시, 실제 조작 활동	1.1 정보의 제시 방식을 학습자에 맞게 설정하는 방법 제공하기 2.1 어휘와 기호의 뜻을 명료하게 하기 2.5 다양한 매체들을 통해 의미를 보여 주기 3.1 배경지식을 제공하거나 활성화시키기 3.3 정보처리, 시각화, 이용의 과정을 안내하기 3.4 정보 전이와 일반화를 극대화시키기
	전체와 부분의 관계	전체와 부분을 잘 알지 못한다.		
		부분을 보고 전체를 알지 못한다.		
	단위 분수의 비교	단위 분수 분모의 숫자가 큰 수를 큰 수로 생각한다.	단위 분수의 개념 그림을 통해 반복 지도, 실제 문제 해결	
소수	진분수와 소수의 관계	진분수와 소수의 관계를 이해하지 못한다.	그림, 수직선 등 다양한 방법으로 제시	
	소수의 크기 비교	소수점 아래 수가 많은 경우 더 크다고 생각한다.	여러 상황의 예 제시, 반복 학습	

4. 학생들의 학습유형, 흥미 파악하기

- 다중지능 검사 결과: 학생들이 강점 지능으로 다양한 유형이 골고루 나온 편, 다양한 선택 사항을 제공할 필요성 있음

강점 지능 유형	학생 수	해당 학생	UDL 학습설계 요소
언어적	3	배○○, 한○○, 김○○	
자기이해	2	이○○, 노○○	
논리/수학적	2	노○○, 유○○	
시각적/공간적	2	권○○, 김○○	1.1 정보의 제시 방식을 학습자에 맞게 설정하는 방법 제공하기 7.1 개인의 선택과 자율성을 최적화하기
대인관계	5	박○○, 이○○, 황○○, 박○○, 서○○	
신체 운동 감각적	3	유○○, 최○○	
음악적, 리듬적	3	김○○, 양○○, 정○○	
자연 친화	4	김○○, 위○○, 이○○, 황○○	

5. 수업의 흐름 및 교수 방법, 환경 유연하게 적용하기

단계		주요 활동	UDL 학습설계 요소
수업	배움열기	• 스토리텔링 수학: 〈라따뚜이〉 애니메이션 스토리 • 전 차시 학습 상기: 전 차시의 오류 또는 오개념에 대한 수정	
		• 핵심 질문: 1보다 작은 수는 어떻게 표현할 수 있을까? 수의 확장(분수, 소수의 사용)은 자연수만 사용하는 것에 비해 어떤 편리함을 주는가?(자연수만 사용할 때에 비해 분수와 소수를 사용하면 어떤 점이 편리할까요?) • 세부 질문: 분수(소수)는 무엇일까? 단위 분수란 무엇인가? 분수(소수)의 크기를 어떻게 비교할까?	2.1 어휘와 기호의 뜻을 명료하게 하기 3.1 배경지식을 제공하거나 활성화시키기 3.3 정보처리, 시각화, 이용의 과정을 안내하기

		전체	일부	소수	
수업	배움활동	학습 내용 /자료	수학 책	수학 익힘책	선택 학습 매뉴얼 1. 추가 학습지(심화, 보충) 2. 또래 선생님 3. 수학 퀴즈 만들기 4. 실생활 적용 사례 알아보기 5. 배운 내용 생각그물로 표현하기 6. 관련 수학 책 읽기	1.3 시각 정보의 대안을 제공하기 2.1 어휘와 기호의 뜻을 명료하게 하기 2.3 문자, 수식, 기호의 해독을 지원하기 2.5 다양한 매체들을 통해 의미 보여 주기 3.2 패턴, 핵심 부분, 주요 아이디어 및 관계 강조하기 3.3 정보 처리, 시각화, 이용의 과정을 안내하기 4.2 다양한 도구와 보조 공학기기 이용을 최적화하기 5.3 연습과 수행을 위한 지원을 점차 줄이면서 유창성 키우기 6.4 학습 진행 상황을 모니터하는 능력을 증진시키기 7.1 개인의 선택과 자율성을 최적화하기 8.2 난이도를 최적화하기 위한 요구와 자료들을 다양화하기 8.3 협력과 동료 집단을 육성하기

• 오감 play 활용 실제 경험하기*
• EIS 이론 적용(실제, 활동적/영상적/상징적 표상 수단 제공)
• 각 단계별로 선생님께 확인받기
• 나의 학습 스케줄 작성 및 점검하기

	배움정리	• 다수의 학생이 어려워하는 공통 문제는 함께 해결하면서 오개념 바로잡기 • 문제해결 과정의 오류 수정 • 스토리텔링 수학: 〈라따뚜이〉 애니메이션 스토리	9.2 극복하는 기술과 전략들을 촉진시키기 9.3 자기평가와 성찰 발전시키기

학습 자료	• 기본: 수학, 수학 익힘책, 나의 학습 스케줄표 • 다양화: 원 모양 종이, 사각형 모양 종이, 모양 조각, 분수 카드, 색종이, 수학, PPT, 추가 학습지

평가

• 학생들과 함께 수행평가 종류 결정, 선택(개인별/모둠별)

글쓰기	안내 만화 만들기	실제 쓰이는 예 조사하기(조사 보고서)
안내송 만들기	동영상 제작	관련 실생활 물건 제작
안내글 쓰기	안내 책자 만들기	포트폴리오
시범 보여 주기	역할극	게임 또는 퀴즈 만들기

6. 수업 활동안

단계	차시	교과 성취기준 및 주요 활동	교수-학습 내용	UDL 학습설계 요소
준비 및 계획	1	수행과제 계획 세우기	●단원 안내 - 사전 학습 정도 파악 - KWLA 차트 작성하기 ●수행과제 안내(동생들에게 알려 주는 분수/소수 이야기) - 수행과제 구성 및 핵심 질문 안내 - 모둠/개인별 구성 - 수행과제 계획 세우기	2.1 어휘와 기호의 뜻을 명료하게 하기 3.1 배경지식을 제공하거나 활성화시키기 3.3 정보처리, 시각화, 이용의 과정을 안내하기 6.1 적절한 목표설정에 대해 안내하기 7.1 개인의 선택과 자율성을 최적화하기 8.2 난이도를 최적화하기 위한 요구와 자료들을 다양화하기
교과 내용 탐구	2	[4수01-10] 양의 등분할을 통하여 분수를 이해하고 읽고 쓸 수 있다. (똑같이 나누어 보기/ 분수 알아보기 1, 2)	●사전 학습-칠교판 모양 만들기 재설명 ●교과 학습(+〈라따뚜이〉 스토리텔링 진행) - 일상의 한 개보다 작은 표현 살펴보기 - 똑같이 나누어 보기(전체-모둠-개인학습) *오감 play 활동: 개별 학습 시(색종이 나누기 조작 활동) ●선택 학습 진행 - 일부/소수 활동+나의 학습 스케줄 체크	
	3		●전 차시 학습 복습: 똑같이 나누어 보기 ●교과 학습(+〈라따뚜이〉 스토리텔링 진행) - 전체에 대한 부분의 크기 알기 - 분수를 읽고 쓰기 *오감 play 활동: 눈치 게임 활동(모둠 안 개별) ●선택 학습 진행 - 일부/소수 활동+나의 학습 스케줄 체크	

			●전 차시 학습 복습: 전체에 대한 부분 알기, 분수 읽고 쓰기 ●교과 학습(+〈라따뚜이〉 스토리텔링 진행) – 부분을 보고 전체 알아보기 – 색칠한 부분과 색칠하지 않은 부분 분수로 나타내기 *오감 play 활동: 텔레파시 게임 활동(모둠 안 개별) ●선택 학습 진행 – 일부/소수 활동+나의 학습 스케줄 체크	
교과 내용 탐구	4			2 .1 어휘와 기호의 뜻을 명료하게 하기 3.1 배경지식을 제공하거나 활성화시키기 2.5 다양한 매체들을 통해 의미 보여 주기 3.2 패턴, 핵심 부분, 주요 아이디어 및 관계 강조하기 4.2 다양한 도구와 보조공학기기 이용을 최적화하기 5.3 연습과 수행을 위한 지원을 점차 줄이면서 유창성 키우기 6.4 학습 진행 상황을 모니터하는 능력을 증진시키기 7.1 개인의 선택과 자율성을 최적화하기 7.2 학습자와의 관련성, 가치, 현실성 최적화하기 8.2 난이도를 최적화하기 위한 요구와 자료들을 다양화하기 8.3 협력과 동료 집단을 육성하기 9.1 학습 동기를 최적화하는 기대와 믿음 증진시키기 9.2 극복하는 기술과 전략들을 촉진시키기 9.3 자기평가와 성찰 발전시키기
	5	[4수01-11] 단위 분수, 진분수를 알고, 그 관계를 이해한다. [4수01-12] 분모가 같은 분수끼리, 단위 분수끼리 크기를 비교할 수 있다. (분모가 같은 분수의 크기 비교/단위 분수의 크기 비교)	●전 차시 학습 복습: 부분 보고 전체 알기 ●교과 학습(+〈라따뚜이〉 스토리텔링 진행) – 종이띠/수직선/그림 등으로 비교해 보기 – 분모가 같은 분수 크기 비교하기 *오감 play 활동: 땅따먹기 게임(짝꿍끼리) ●선택 학습 진행 – 일부/소수 활동+나의 학습 스케줄 체크	
	6		●전 차시 학습 복습: 분모가 같은 분수 크기 비교하기 ●교과 학습(+〈라따뚜이〉 스토리텔링 진행) – 분수만큼 색칠하기 – 단위 분수 의미 이해하기(종이띠/막대/그림 등) – 단위 분수의 크기 비교하기 *오감 play 활동: 빼빼로를 나누어라(미션) ●선택 학습 진행 – 일부/소수 활동+나의 학습 스케줄 체크	

교과 내용 탐구	7	[4수01-13] 분모가 10인 진분수를 통하여 소수 한 자릿수를 이해하고 읽고 쓸 수 있다(소수 알기 1, 2).	● 전 차시 학습 복습: 단위 분수의 크기 비교하기 ● 교과 학습(+⟨라따뚜이⟩ 스토리텔링 진행) – 분모가 10인 분수를 소수로 나타내기 – 소수를 쓰고 읽고 표현하기 *오감 play 활동: 같은 분수–소수 찾기 게임(짝꿍끼리) ● 선택 학습 진행 – 일부/소수 활동+나의 학습 스케줄 체크	2.1 어휘와 기호의 뜻을 명료하게 하기 3.1 배경지식을 제공하거나 활성화시키기 2.5 다양한 매체들을 통해 의미 보여 주기 3.2 패턴, 핵심 부분, 주요 아이디어 및 관계 강조하기 4.2 다양한 도구와 보조공학기기 이용을 최적화하기 5.3 연습과 수행을 위한 지원을 점차 줄이면서 유창성 키우기 6.4 학습 진행 상황을 모니터하는 능력을 증진시키기 7.1 개인의 선택과 자율성을 최적화하기 7.2 학습자와의 관련성, 가치, 현실성 최적화하기 8.2 난이도를 최적화하기 위한 요구와 자료들을 다양화하기 8.3 협력과 동료 집단을 육성하기 9.1 학습 동기를 최적화하는 기대와 믿음 증진시키기 9.2 극복하는 기술과 전략들을 촉진시키기 9.3 자기평가와 성찰 발전시키기
	8		● 전 차시 학습 복습: 소수 쓰고 읽기 ● 교과 학습(+⟨라따뚜이⟩ 스토리텔링 진행) – 자연수와 소수로 이루어진 소수 알기 – 0.1의 수로 소수 알기 *오감 play 활동: cm 자 만들어 보기 ● 선택 학습 진행 – 일부/소수 활동+나의 학습 스케줄 체크	
	9	[4수01-15] 소수의 크기를 비교할 수 있다(소수의 크기 비교).	● 전 차시 학습 복습: 자연수와 소수로 이루어진 소수 알기 ● 교과 학습(+⟨라따뚜이⟩ 스토리텔링 진행) – 실생활에서 소수의 크기 비교하기 – 수직선에서 소수의 크기 비교하기 *오감 play 활동: 주사위 게임(주사위 던져 소수 만들기) ● 선택 학습 진행 – 일부/소수 활동+나의 학습 스케줄 체크	

교과 내용 탐구	10	분수와 소수 활용하기(생각 수학)	●전 차시 학습 복습: 소수의 크기 비교하기 ●교과 학습(+〈라따뚜이〉 스토리텔링 진행) – 누가 더 많이 먹었는지 비교하기 *오감 play 활동: 소수와 분수 카드놀이 ●선택 학습 진행 – 일부/소수 활동+나의 학습 스케줄 체크	
평가 및 정리 활동	11	얼마나 알고 있는지 체크/수행과제 해결 및 성찰	●전 차시 학습 복습 ●얼마나 알고 있는지 해결하기 ●수행과제 역할 분담 체크 및 탐구 활동 실시	2.1 어휘와 기호의 뜻을 명료하게 하기 3.1 배경지식을 제공하거나 활성화시키기 3.2 패턴, 핵심 부분, 주요 아이디어 및 관계 강조하기 5.3 연습과 수행을 위한 지원을 점차 줄이면서 유창성 키우기 6.2 계획과 전략 개발 지원하기 6.4 학습 진행 상황을 모니터하는 능력을 증진시키기 8.3 협력과 동료 집단을 육성하기 9.3 자기평가와 성찰 발전시키기
	12 ~ 13		●수행과제 탐구 활동 – 핵심 질문의 내용 담아내기 – 추가 제작 활동 ●수행과제 발표 및 반성	3.4 정보 전이와 일반화를 극대화하기 6.4 학습 진행 상황을 모니터하는 능력을 증진시키기 7.1 개인의 선택과 자율성을 최적화하기 8.3 협력과 동료 집단을 육성하기 9.2 극복하는 기술과 전략들을 촉진시키기 9.3 자기평가와 성찰 발전시키기

수업 지도안

○○초등학교 3학년 1 반		교사			
단원명	6. 분수와 소수	차시	5/13	일시	2019. 7. 11. 2~3교시
학습문제	분모의 크기가 같은 분수 비교하기				
수업자 관점	우리 반 아이들은 활동적이며, 무슨 일이든지 적극적으로 하는 편이다. 그래서 강의식, 정적인 수업보다는 게임, 놀이 활동, 움직임을 요하는 활동, 주도적으로 결과물을 만들어 내는 프로젝트 활동을 좋아하는 편이며, 이런 방향의 수업을 했을 때 높은 참여율을 보인다. 이런 성향의 아이들에게 새롭게 들어가는 '분수' 단원이 즐겁고, 재미가 있었으면 하는 바람이 컸다. 수업에 흥미를 가지고 몰입할 수 있도록 하는 방안으로 오감 활용 게임을 접목한 수업을 해 보고 싶었다. 이 단원의 수업 흐름은 일반적으로 유사하다. 실물과 구체적 조작물, 그림 등을 활용한 학습 내용 제시(교과서 병행), 게임 적용 익히기, 학습 스케줄에 따른 선택 학습 순으로 이루어진다. 이번 차시 또한 오감 play 수업의 일환으로 교과서로 해당 부분 수업을 한 뒤, 땅따먹기 게임을 진행하고, 선택 학습을 진행할 예정이다.				
수업의 흐름					

배움
열기
	▶ 전 차시 복습
	  • 부분 보고 전체 알기(그림 자료 활용)
	▶ 동기유발
	  • 〈라따뚜이〉 스토리텔링 동기유발 영상
	  – '분수'의 크기를 비교하는 상황 제시
	  • 오늘은 무엇을 배울 것 같나요?
	  – 분수의 크기를 비교할 것 같습니다.
	▶ 공부할 문제 확인
	  분모의 크기가 같은 분수를 비교하기				

배움
활동
	▶ 학습활동 안내
	  • 교과 학습(+〈라따뚜이〉 스토리텔링 진행)
	  – 종이띠/수직선/그림 등으로 비교해보기
	  – 분모가 같은 분수 크기 비교하기
	*오감 play 활동: 땅따먹기 게임(짝꿍끼리)
	  • 선택 학습 진행
	  – 일부/소수 활동+나의 학습 스케줄 체크				

배움
정리
	▶ 학습 내용 정리하기
	  • 활동 소감 말하기
	▶ 차시 예고
	  • 다음 시간에는 단위 분수의 크기를 비교해 보는 활동을 하겠습니다.				

나의 학습 스케줄

3학년 (　　)반 (　　)번 이름(　　　　　)

날짜	학습 내용	잘 이해했어요 (○, △, ×)	수익	+) 선택 학습	확인
	똑같이 나누어 보기		72~73쪽		
	전체와 부분의 관계 이해하기, 분수 쓰고 읽기		74~75쪽		
	주어진 분수만큼 도형에 나타 내기, 부분을 보고 전체를 알아 보기		76~77쪽		
	분모가 같은 분수의 크기 비교 하기		78~79쪽		
	단위 분수의 크기 비교하기		80~81쪽		
	소수 알아보기 1(분모가 10인 분수로 이해하기)		82~83쪽		
	소수 알아보기 2(cm와 mm의 관계로 이해하기)		84~85쪽		
	소수의 크기 비교하기		86~87쪽		
	생각 수학				
	얼마나 알고 있나요				
	탐구-수행과제 해결 1				
	탐구-수행과제 해결 2				

내가 선택하는 학습 매뉴얼

1. 추가 학습지(심화)	2. 또래 선생님
3. 수학 퀴즈 만들기	4. 실생활 적용 사례 알아보기
5. 보충 동영상 보기	6. 배운 내용 생각그물로 표현하기
7. 관련 수학 책 읽기	8. 관련 내용 글과 그림으로 표현해 보기
9. 수행과제 관련-자료 정리하기	10. 색종이 또는 구체물로 조작해 보기

텔레파시 게임

3학년 (   )반 (   )번 이름(   )

번호	내가 선택한 답	O, ×
1		
2		
3		
4		
5		

똑같이 나누고 분수 알아보기

3학년 (　　)반 (　　)번 이름(　　　　　)

1. 똑같이 나누어진 것을 찾아 ○표 하세요.

2. 도형을 똑같이 여섯으로 나누어 보세요.

3. 눈금을 이용하여 똑같이 나누어 보세요.

똑같이 둘로　　　　　　똑같이 셋으로

4. 열쇠고리와 똑같게 색칠하고, □ 안에 알맞은 수를 써넣으세요.

전체를 똑같이 4로 나눈 것 중의 3을 $\frac{\square}{\square}$(이)라고 쓰고 □분의 □(이)라고 읽습니다. □을/를 분모, □을/를 분자라고 합니다.

5. □ 안에 알맞은 수를 써넣으세요.

노란색　　우크라이나 국기에서 노란색 부분은 전체의 $\frac{\square}{\square}$입니다.

노란색　　벨기에 국기에서 노란색 부분은 전체의 $\frac{\square}{\square}$입니다.

*187~193쪽에서 사용한 선택 추가 학습지는 인디스쿨(www.indischool.com) 자료와 아이스크림 학습지를 활용하였다.

분수 알고, 분모가 같은 분수 크기 비교하기

3학년 (　　)반 (　　)번 이름(　　　　　)

1. 색칠한 부분과 색칠하지 않을 부분을 분수로 써 보세요.

2. 색칠한 부분이 $\frac{3}{8}$ 이 되도록 나타내어 보세요.

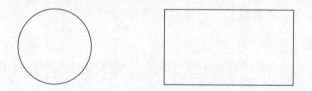

3. 부분을 보고 전체를 그려 보세요.

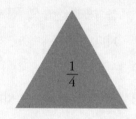

4. 누가 종이띠를 더 많이 썼는지 알아보세요.

슬기 : 종이띠의 $\frac{4}{5}$ 만큼으로 만들어야지.

도영 : 종이띠의 $\frac{2}{5}$ 만큼으로 만들어야지.

$\frac{4}{5}$ 는 $\frac{1}{5}$ 이 ☐ 개이고 $\frac{2}{5}$ 는 $\frac{1}{5}$ 이 ☐ 개이므로, $\frac{4}{5}$ ◯ $\frac{2}{5}$ 입니다.

따라서 ☐ (이)가 종이띠를 더 많이 사용했습니다.

5. 주어진 분수만큼 색칠하고, ◯ 안에 〉, =, 〈를 써넣으세요.

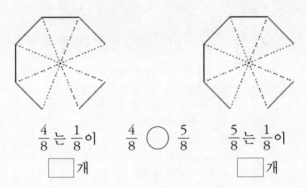

$\frac{4}{8}$ 는 $\frac{1}{8}$ 이 $\frac{4}{8}$ ◯ $\frac{5}{8}$ $\frac{5}{8}$ 는 $\frac{1}{8}$ 이

☐ 개   ☐ 개

6. 수의 크기를 비교하여 ◯ 안에 〉, =, 〈를 써넣으세요.

$\frac{2}{9}$ ◯ $\frac{7}{9}$ $\frac{6}{8}$ ◯ $\frac{3}{8}$ $\frac{11}{12}$ ◯ $\frac{7}{12}$

7. 가장 큰 수에 ◯표, 가장 작은 수에 △표 하세요.

$\frac{10}{12}$ $\frac{5}{12}$ $\frac{1}{12}$ $\frac{9}{12}$ $\frac{8}{12}$

소수, 단위 분수 이해하기

3학년 (   )반 (   )번 이름(   )

1. 같은 것끼리 선으로 이어 보세요.

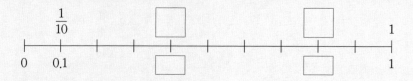

$\frac{8}{10}$ •   • 0.3 •   • 영 점 팔

$\frac{3}{10}$ •   • 0.8 •   • 영 점 구

$\frac{9}{10}$ •   • 0.9 •   • 영 점 삼

2. □ 안에 알맞은 분수 또는 소수를 써넣으세요.

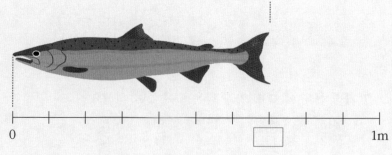

3. 연어의 길이가 몇 m인지 알아보세요.

4. □ 안에 알맞은 수를 써넣으세요.

0.1이 5개이면 [ ] 입니다.

0.1이 [ ] 개이면 0.6입니다.

5. 주어진 분수만큼 색칠하고, 어느 분수가 더 큰지 알아보세요.

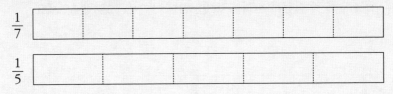

$\frac{1}{7}$ 은 $\frac{1}{5}$ 보다 (큽니다, 작습니다).

6. 똑같이 나누어 주어진 분수만큼 색칠하고, ○ 안에 〉, =, 〈를 알맞게 써넣으세요.

$\frac{1}{2}$ ○ $\frac{1}{6}$

7. 수의 크기를 비교하여 ○ 안에 〉, =, 〈를 알맞게 써넣으세요.

$\frac{1}{9}$ ○ $\frac{1}{4}$ $\frac{1}{2}$ ○ $\frac{1}{5}$ $\frac{1}{8}$ ○ $\frac{1}{10}$

소수 알고, 소수의 크기 비교하기

3학년 (　)반 (　)번 이름(　　　　)

1. 소수를 수직선에 나타내고, ○ 안에 〉, =, 〈를 써넣으세요.

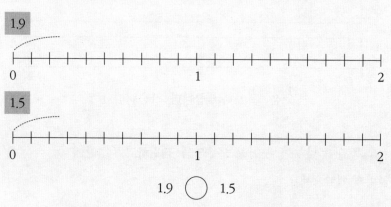

1.9 ○ 1.5

2. □ 안에 알맞은 수를 써넣으세요.

6.5는 0.1이 □ 개이고, 6.8은 □ 이 68개이므로 6.5와 6.8 중에서 더 큰 소수는 □ 입니다.

3. 수의 크기를 비교하여 ○ 안에 〉, =, 〈를 알맞게 써넣으세요.

3.8 ○ 4.1　　　5.7 ○ 5.3　　　9.2 ○ 8.9

4. 가장 큰 수에 ○표, 가장 작은 수에 △표 하세요.

4.3   6.4   7.1   5.8   2.9

5. □ 안에 알맞은 수를 써넣으세요.

4.2는 0.1이 ☐ 개입니다.

6.9는 ☐ 이 69개입니다.

0.1이 28개이면 ☐ 입니다.

0.1이 ☐ 개이면 5.8입니다.

6. 주스가 몇 컵인지 소수로 써 보세요.

☐ 컵

7. □ 안에 알맞은 소수를 써넣으세요.

8cm 4mm = ☐ cm

7cm 2mm = ☐ cm

93mm = ☐ cm

35mm = ☐ cm

분모가 같은 분수의 크기 비교 〈땅따먹기 게임〉

3학년 (   )반 (   )번 이름(   )

- 보드게임 말을 '발사' 위치에 놓고 튕겨서 들어간 칸의 문제를 맞게 풀면 그 칸을 차지하게 됩니다.
- '꽝'에 들어가면 1번 쉬어야 하고, '☺'에 들어가면 그 칸을 차지하고 한 번 더 발사할 수 있습니다.

발 사	$\frac{3}{4}$은 $\frac{1}{4}$이 몇?	친구와 가위바위보 해서 이기면 내 땅!	$\frac{3}{6}$ 색칠하기	☺ 한 번 더!	$\frac{7}{8}$은 $\frac{1}{8}$이 □개입니다	**발 사**
	꽝!	$\frac{4}{5}$은 $\frac{1}{5}$이 □개입니다	선생님에게 하트 발사하면 내 땅!	$\frac{9}{10}$은 $\frac{1}{10}$이 □개입니다	$\frac{3}{5}$ 색칠하기	
	$\frac{2}{5}$ ○ $\frac{4}{5}$	$\frac{5}{6}$ ○ $\frac{3}{6}$	**꽝!**	$\frac{7}{8}$ ○ $\frac{6}{8}$	$\frac{3}{6}$ 은 $\frac{1}{6}$이 □개, $\frac{2}{6}$ 는 $\frac{1}{6}$이 □개 이므로 $\frac{3}{6}$ 은 $\frac{2}{6}$ 보다 더 (큽니다, 작습니다)	
	$\frac{6}{8}$ ○ $\frac{3}{8}$	$\frac{3}{4}$ ○ $\frac{2}{4}$	☺	$\frac{4}{7}$ ○ $\frac{6}{7}$	**꽝!**	
	가장 작은 수에 ○표 $\frac{10}{12}$ $\frac{5}{12}$ $\frac{1}{12}$	☺	가장 큰 수에 ○표 $\frac{1}{12}$ $\frac{9}{12}$ $\frac{8}{12}$	분수만큼 색칠하고 문제 풀기 $\frac{4}{8}$ 는 $\frac{1}{8}$이 □개입니다	$\frac{2}{9}$ ○ $\frac{7}{9}$	

소수의 크기 비교하기

3학년 (   )반 (   )번 이름(   )

회차	주사위를 던져 만든 나의 소수	점수
1회		
2회		
3회		
4회		
5회		
6회		
7회		
8회		
총 점수는?		

회차	주사위를 던져 만든 나의 소수	점수
1회		
2회		
3회		
4회		
5회		
6회		
7회		
8회		
총 점수는?		

오감 play로 분수와 소수 알기!

( )학년 ( )반 ( )번 이름( )

K(Know) 이미 알고 있는 것				W(Want to know) 더 알고 싶은 것: 질문으로 만들어 보세요.	L(Learned) 새롭게 알게 된 사실
전 학년 학습 내용	잘 알고 있어요	대체로 알고 있어요	잘 모르 겠어요		
칠교판으로 여러 가지 모양을 만들 수 있어요					
				선택하고 싶은 수행과제:	
A(Affect) 공부를 마친 뒤 소감(가장 흥미로웠던 점, 가장 좋았던 점, 가장 힘들었거나 어려웠던 점)					

중등 국어 수업
UDL 원리를 적용한 교수설계

1. UDL 원리를 적용한 과목 또는 단원 및 수업 의도

가. 중학교 1학년 1학기 국어 3단원 언어랑 국어랑 놀자

나. 학생들이 문법 수업에 대해 어려움을 많이 느끼고 학생 간 흥미와 격차가 분명하게 드러나는 단원임

2. 수업실행 기간: 6월 4주~7월 3주(12차시)

3. 수업설계

관련 단원	핵심 개념	성취 기준	차시	목표			자료		평가
				전체	일부	소수	기본	다양화	
3. 언어랑 국어랑 놀자	국어의 본질	[9국04-01] 언어의 본질에 대한 이해를 바탕으로 하여 국어생활을 한다.	12	언어의 본질과 품사를 이해할 수 있다.	자신이 가장 좋아하고 잘할 수 있는 방법으로 언어의 본질과 품사를 설명할 수 있다.	언어의 본질과 품사를 활용하여 창작품을 만들 수 있다.	-국어활동지 -학습체크리스트 -품사송 -품사시	-다중지능모둠 편성 -다중지능별표현과제 부여	포트폴리오(체크리스트 및 학습결과물)
	국어구조의 탐구와 활용	[9국04-04] 품사의 종류를 알고 그 특성을 이해한다.							

4. 수업실행 내용

가. 수업 안내 및 사전 학습유형 다중지능 검사(1차시)

나. 수업의 목적의식과 흥미를 뚜렷하게 하기 위한 〈말모이〉 영화 감상(2~4차시)

▶ UDL 원리 Ⅲ: 정서적 네트워크(학습의 이유)-학습 동기 부여하기

다. 학생들이 이해할 수 있는 언어와 활동으로 성취기준, 핵심 개념, 핵심 질문을 통한 학습 정보 제공(5~9차시)

▶ UDL 원리 Ⅰ: 인지적 네트워크(학습의 내용)-다양한 제시 방식을 통 한 정보의 제공

라. 학생들이 자신들이 원하는 학습활동으로 수업 내용 표현 수단 제공하고 서로 나누는 배움 축제 실시(9~11차시)

▶ UDL 원리 Ⅱ: 전략적 네트워크(학습의 방법)-다양한 행위와 표현 수 단의 제공

마. 사후 학습 설문, 자기평가와 성찰(12차시)

국어 평가서

3. 언어랑 국어랑 놀자(언어의 본질과 우리말의 9품사)

차시		평가 내용	평가 결과			
			◎	○	△	□
			매우 잘함	잘함	보통	노력 요함
UDL 원리 III	1	영화 〈말모이〉 감상문				
UDL 원리 I	2	언어의 본질 이해하기				
	3	국어 생활에서 언어의 본질 이해하기				
	4	단어란 무엇일까?				
	5	품사의 개념과 분류 기준				
	6~7	품사의 종류와 특성				
	8	수행평가-노래로 외우는 9품사				
UDL 원리 II	9~11	배움축제-내가 가장 잘 이해되는 방법으로 품사 설명하기	공개수업 9차시			
	12	언어의 본질과 품사 쪽지시험 및 수업 성찰				
총평			학생 확인			
			학부모 확인			

행복국어	단원	3. 언어랑 국어랑 놀자 (1) 언어의 본질과 국어 생활	모둠		점수
	학습 목표	언어의 본질에 대한 이해를 바탕으로 국어 생활을 한다.			
		1학년 ( )반 ( )번 이름:	2019년 ( )월 ( )일 ( )교시		

우리말의 소중함 말모이

〈말모이〉 감상문

시대적 배경		주요 인물	
우리말을 지키기 위해 노력한 단체			
〈말모이〉 마인드맵(주요 내용 중심으로 구조화하기)			
우리나라의 입장		일본의 입장	
〈말모이〉 감상문 (줄거리–이 영화를 통해 새롭게 알게 된 점–내 생각의 변화–내 삶의 영향 등)			

언어는 어떤 특성이 있을까?

1. 언어가 없다면 어떤 일이 일어날지 생각해 보자.
(1) 교실에 있는 사물을 적고, 제한 시간 1분 동안 몸짓으로만 짝에게 설명해 보자.

● 일상생활에서 겪는 다양한 국어 생활과 관련하여 언어의 본질을 탐구해 보자.
언어의 본질 이해하기

1. 다음에서 같은 의미를 나타내는 각 나라의 말소리를 비교해 보고, 언어의 의미와 말소리의 관계를 정리해 보자.

2. 언어의 본질의 개념을 확인해 보자.

언어의 본질	개념
자의성	언어의 의미(내용)와 말소리(형식)는 필연적으로 결합한 것이 아니라 (　　) 그렇게 맺어진 것이다.
사회성	언어는 같은 언어를 사용하는 사람들 사이의 (　　)이므로 개인이 마음대로 바꿀 수 없다.
역사성	언어는 시간의 흐름에 따라 새로 생겨나거나, 널리 쓰이다가 사라지는 등 끊임없이 (　　)한다.
창조성	인간은 이미 알고 있는 언어를 바탕으로 새로운 단어나 문장을 (　　) 만들어 낼 수 있다.

3. 다음 상황과 관련 있는 언어의 본질과 그 이유를 적어 보자.
(1) 한국어로 [수박]이라고 하는 말을 중국어로는 [시과], 영어로는 [워터멜론]이라고 한다. ⇨
(2) "우유 마시자."와 "수박 먹고 싶어요."라는 각각의 문장을 배운 아이가 "우유 먹고 싶어요."와 같이 배운 적이 없는 새로운 문장을 만들어 낸다. ⇨
(3) 옛날에 '슈박'과 '복셩화'였던 말이 '수박'과 '복숭아'로 바뀌었다. ⇨
(4) 한국에서 '수박'을 '수세미'라고 마음대로 바꿔 부를 수 없다. ⇨

4. 다음 자료를 보고 알 수 있는 언어의 본질을 정리해 보자.

자료	언어의 본질
(가) 우리나라 사람으로는 처음으로 소행성을 발견한 천문학자 이태형은 그가 발견한 소행성에 '통일'이라는 이름을 붙였다. 한국천문연구원이 발견한 여러 소행성에는 장영실 같은 역사 속 과학자들의 이름이나 우리나라 사람으로는 처음으로 현대적인 이학 박사 학위를 받은 천문학자 이원철의 이름이 붙었다. '통일'이라는 소행성을 갖게 된 일이나 한국천문연구원에서 과학자들의 이름을 소행성에 붙인 것이나 모두 멋지고 경사로운 일이다. _《경향신문》, 2015년 1월 28일 자	• 새로운 소행성을 발견한 사람이 자의적으로 이름을 붙였다는 점에서 언어의 ( )을 확인할 수 있다.
(나) '짜장면', 표준어 됐다 국립국어원, '먹거리' 등 서른아홉 개 단어 표준어 인정 방송인 정도만 '자장면'이라고 발음하는 '짜장면'이 마침내 표준어가 됐다. 국립국어원은 국민 실생활에서 많이 사용하지만 표준어 대접을 받지 못한 '짜장면'과 '먹거리'를 비롯한 서른아홉 개 단어를 표준어로 인정하고 이를 인터넷 '표준국어대사전'에 반영했다고 31일 밝혔다. 이번 조치로 그동안 규범과 실제 사용 간의 차이에서 생겨난 언어생활의 불편이 상당히 해소될 것으로 기대된다고 연구원은 덧붙였다. _《연합뉴스》, 2011년 8월 31일 자	• 실생활에서 많이 사용하는 '짜장면'을 표준으로 인정한다는 사회적 약속을 새롭게 맺은 것이므로 언어의 ( )에 해당한다. • 표준어가 아니었던 '짜장면'이 표준어로 인정받은 것은 시간이 지남에 따라 언어가 변화한다는 것으로 언어의 ( )에 해당한다.
(다) '스타일리스트'는 '맵시가꿈이'로 바꿔요. 지난번에는 '옷이나 실내 장식 등과 관련된 일에 조언을 하거나 그 일을 지도하는 사람'을 뜻하는 외래어 '스타일리스트(stylist)'를 대신할 우리말을 확정하기 위해 누리꾼이 제안한 435건 가운데 '맵시가꿈이', '멋지기', '멋도우미', '맵시연출가', '맵시관리사' 등을 후보로 투표를 벌였습니다. 총 561명이 투표에 참여하여 '맵시가꿈이'는 268명(47%), '멋지기'는 84명(14%), '멋도우미'는 68명(12%), '맵시연출가'는 108명(19%), '맵시관리사'는 33명(5%)이 지지하였습니다. _국립국어원, 〈우리말 다듬기〉	• 기존의 단어를 활용하여 외래어를 대체할 다양한 우리말이 제시되었다는 점에서 언어의 ( )을 확인할 수 있다.

행복 국어	단원	3. 언어랑 국어랑 놀자 (2) 우리말의 아홉 품사	모둠		점수
	학습 목표	품사의 종류와 그 특징을 알 수 있다.			
		1학년 ( )반 ( )번 이름:	2019년 ( )월 ( )일 ( )교시		

언어는 어떤 특성이 있을까?

1. 제한 시간 1분 동안 다음 초성으로 시작되고 두 글자로 된 단어를 최대한 많이 떠올려 보자.

ㅅ ㅂ	ㅈ ㄹ

2. 품사를 소재로 한 시를 읽고 품사의 특성에 대해 생각해 보자.

품사 다시 읽기. 1 ~ 5 문무학			
1. 명사 이름이 없는 것들은 있어도 없는 거다. 신은 형상을 만들었고 사람은 이름을 붙여 부른다. 이름 없는 것들을 불러서 존재케 한다.	3. 수사 오로지 '1'만 보여 '1'만을 우러르며 2 있고 3 있는 걸 외면한 이 세상은 '1' 밖의 모든 것들을 늪 속에 헤매게 했다. 세상은 그랬다. 너만을 섬겨왔다. 죄가 된다 하여도 조금도 서슴지 않고 숫자만 불리는 일에 급급했던 사람 많다.	5. 형용사 너는 허풍쟁이 번들번들 가납사니 씌어진 모든 것들 꽃빛으로 포장해서 온 사람 눈을 호리는 못 말릴 너는 정말. 그 잘난 미사여구도 너로 하여 태어나고 허한 것들 숨겨놓고 화려한 무늬만 놓아 속내를 비추지 않는 홍등가의 불빛이다.	8. 조사 1 애당초 나서는 건 꿈꾸지도 않았다. 종의 팔자 타고나 말고삐만 잡았다. 그래도 격이 있나니 내 이름은 격조사. 2 이승 저승 두루 이을 그럴 재주 없지만 따로따로 있는 것들 나란히 앉히는 난 오지랖 오지게 넓은 중매쟁이 접속조사. 3 그래 나를 도우미로, 불러라 그대들이여 내 있어 누구라도 빛날 수만 있다면 피라도 아깝지 않고 흘리리라 보조사.
2. 대명사 나는 당신으로부터 너라고 불리고 너는 나로부터 당신으로 불리지만 그대는 같이 불러도 다르면서 또 같다. 이것을 가리키면 이것이 되어버리고 저것을 가리키면 저것이 되고 마는 문장의 광장 안에서 우뚝 선 깃발인 너.	4. 동사 너는 힘이다 견줄 데 없는 힘이다. 너 없이 그 어디에 닿을 수 있으랴. 널 만난 문장 끝에선 새 한 마리 비상한다. 네가 계절이라면 꿈틀꿈틀 봄이겠다. 잠들었던 그 모두가 깨어나 솟구치는 봄이다, 희망의 풀물 질펀하게 쏟아지는	6. 관형사 내 삶이 문장 속에 놓여져야 한다면, 앞자리에 앉아서 고개 돌려 돌아보는 관형사, 네가 되고 싶다. 너 없으면 빛 없나니, 7. 부사 좋겠다. 내 삶이 너 쯤만 되었으면 나로 하여 나 아닌 게 뚜렷하게 떠올라 부시게 드러나도록 가진 것 다 내 주는	
9. 감탄사 너는 왜, 놀람과 두려움으로만 오는가. 어디든 극점에서 신음만 뱉게 하며 가슴을 쓸어내리게 하고 시치미 뚝 떼는가 널 만나도 내 절대 놀라지 않으리라 다짐, 다짐하면서 이를 꼭 깨물어도 너 앞에 나는 꺼벙이 영락없는 꺼벙이			

●단어의 갈래인 품사를 분류하며 품사의 특성을 알아보자.
품사의 개념과 분류 기준

1. 기준에 따라 다음 단어들을 분류해 보자.

막다 우정 따뜻하다 정말로 어머나 칠판
모든 잡다 옛 맙소사 둥글다 매우

(1) 문장에 쓰일 때 형태가 변하는 것과 변하지 않는 것으로 나누어 보자.

형태가 변하는 단어 ( )	형태가 변하지 않는 단어 ( )
막다,	우정,

(2) (1)의 형태가 변하는 단어를 의미를 기준으로 나누어 보자.

'움직임'을 나타내는 단어 ( )	'상태나 성질'을 나타내는 단어 ( )
막다,	따뜻하다,

(3) (1)의 형태가 변하지 않는 단어를 다음 문장의 (가)와 (나)에 들어갈 수 있는 것과 없는 것으로 나누어 보자.

• 장인이 만든 (가) 물건에는 정성이 담겨 있어.
• 이 물건을 만든 장인의 솜씨가 (나) 훌륭해.

들어갈 수 없는 단어	들어갈 수 있는 단어	들어갈 수 없는 단어
( )	( )	
(가)	(나)	

2. 1의 활동을 바탕으로 우리말의 품사를 분류하는 기준 3가지를 정리해 보자.

기준	내용

3. 다음 단어의 품사를 적고, 공통점과 차이점을 정리해 보자.

(1)

㉠:	㉡:
업다, 자다, 받다, 견디다	하얗다, 길다, 날쌔다, 따뜻하다

공통점	
차이점	

(2)

㉢:	㉣:	㉤:
칠판, 자유, 도랑	이것, 나, 여기	첫째, 둘째, 셋

공통점	
차이점	

(3)

㉥:	㉦:
새, 온, 어떤	일찍, 바짝, 가장

공통점	
차이점	

노래로 외우는 9품사 ♬♪♩ (무조건 노/가/바)

짜라 짜라 짠짜짜~ (2번)
무조건 외워 주세요
짜짜라 짜짜짜 짠짠짠!!!
품사 공부할 때 나를 불러 봐
언제든지 기억날 거야

이름은 명사, 숫자는 수사, 명사 대신 대명사
이 셋은 주체라 체언이구요

체언 뒤엔 조사가 붙죠
조사는 관계언, 관계 나타내죠

무조건 외워 주세요.

체언 꾸며 주는 관형사, 용언 꾸며 주는 부사
관형사 부사 수식언 꾸며 주는 역할

느낌, 놀람, 감탄사 독립언이구요

움직이면 동사이지요 상태 성질이면 형용사이구요
용언은 동사 형용사 서술의 역할을 한답니다.

중등 영어 수업

1. 교과: 중학교 1학년 영어(자유학년)

2. 주제: 유네스코 프로젝트

3. 수업의 의도: 『Doctor De Soto』 동화책을 함께 읽은 후, 책의 주제인 '직업윤리의식'에 대한 토의토론을 함. 자신이 희망하는 직업 분야에서 실생활에서 발견되는 문제점을 살펴보고 그 원인과 배경 등을 분석한 후, 이를 해결하기 위한 프로젝트를 실시함. 교내 창의적 체험 활동의 일환으로 바자회 행사를 하는데 이때 관련 캠페인 활동을 함.

4. 영역별 핵심 개념 및 성취기준

영역	핵심 개념	성취기준
듣기	중심 내용	[9영01-04] 일상생활이나 친숙한 일반적 주제에 관한 말이나 대화를 듣고 줄거리, 주제, 요지를 파악할 수 있다.
말하기	담화	[9영02-03] 일상생활에 관한 그림, 사진, 또는 도표에 대해 설명할 수 있다.
읽기	중심 내용	[9영03-04] 일상생활이나 친숙한 일반적 주제의 글을 읽고 줄거리, 주제, 요지를 파악할 수 있다.
쓰기	작문	[9영04-03] 일상생활에 관한 그림, 사진, 또는 도표 등을 설명하는 문장을 쓸 수 있다.

5. 수업의 흐름

차시	교수학습활동	교수학습 자료	적용한 UDL 원리
1	• 모둠별 자유 주제 선택(동일 주제 선택군끼리 모둠 구성) • 아래 7가지 유네스코 가치들 중에서 선택하거나 학생 자유 선정(단, 실제적이고 구체적인 문제) – 평화/인권/다문화/환경/세계화/지역고유문화	활동자료 1	Ⅲ 다양한 방식의 참여의 원칙
2~4	• 각 주제에 따른 관련 영문 텍스트 및 기사 검색–본인이 이해 가능한 수준의 자료 선택(예: 교과서, The Teen Times, The Korea Times, Wikipedia, 학술 논문 자료 등) • 또래 가르치기 활동으로 의미 해석 • 모국어 사용 및 사전 검색 허용 • 모둠별 주제에 따른 탐구 질문 만들기–아래 5가지 유형 중 선택 **유형 / 탐구질문 예시** 실생활 문제 해결: • 우리 지역에 좀더 효율적인 ○○제도를 마련할 수 있을까? • 축구장에 살고 있는 땅 다람쥐를 어떻게 할 것인가? 디자인 챌린지: • 우리 학교 정원에는 무엇을 심어야 할까? • 우리 지역의 유적지 도보 여행을 어떻게 기획하고 실행할까? 조사 연구: • 우리가 마시는 물은 안전한가? • 우리 지역 역사에 가장 큰 영향을 끼친 사건과 개발은 무엇인가? 추상적인 질문 탐구: • 건강한 식습관이란 무엇일까? • 왜 사람들은 이사를 가는 걸까? 쟁점에 대한 입장: • 유전자 조작 식품은 해로운가, 이로운가? • 카슈미르는 합법적으로 인도령인가, 파키스탄령인가?	활동자료 2	Ⅰ 다양한 방식의 표상의 원칙
5	• 프로젝트 실행을 위한 계획서 작성	활동자료 3	

6~7	• 다중지능을 고려한 다양한 결과물 형태 중에서 모둠별 자유 선택		II 다양한 방식의 행동·표현의 원칙

결과물 형태	예시
쓰기	• 광고 전기 보고서 팸플릿 설명문 논설문 에세이 실험기록 • 연구보고서 실험보고서 편지 저널 일지 잡지기사 신문기사 메모 시 제안서
구두	• 녹음자료 대화 토론 논의 낭독 각색 인터뷰 인형극 랩 • 역할극 노래 연설
시각 자료	• 광고영상 만화 콜라주 자료전시 그림 다이어그램 디오라마 • 동영상 그래프 포스터 스크랩북 지도 모형 사진 PPT • 스토리보드 설문지 조각물

	• 모둠별 결과물 제작		
8	• 결과물 전시 및 캠페인 활동(교내 창체 바자회 활동 연계) • 발표 계획서 작성	활동자료 4	
9	• 발표 및 공유	(수업참관)	

6. 교사 성찰

가. 학생의 자발적인 학습 참여 유도

• 자신이 희망하는 직업 분야에서 문제점을 발견하고 본인이 원하는 주제를 선택하게 함으로써 학습 참여 및 자발적인 동기를 높임.

• 동일 주제 선택군끼리 모둠을 구성함으로써 동일 관심사를 가진 학생들끼리 모여 공감대 형성 및 자발적 협력이 증대됨.

• 모둠은 1~4인 구성이 가능함을 미리 공지하여 모둠 구성 시 소외되는 학생들이 심리적 부담 없이 자연스럽게 개별 활동을 함.

나. 실제적인 활동 목적 부여

• 가급적 실생활과 연계된 실제적이고 구체적인 문제를 설정하도록 함으로써 문제해결을 위한 실제적인 목적을 갖게 됨.

다. 단계별 활동 자료 제공

• 프로젝트 실행을 위한 계획서 및 자기평가서를 매 차시 작성하게 함으로써 활동의 진행 과정을 스스로 모니터링함.

• 개별 학생의 수행 과정에 대한 자료를 수집하여 적절한 피드백을 제공함.

라. 개별화 지도의 어려움

• 모둠별로 주제에 따른 영문 텍스트 및 기사를 기반으로 하다 보니, 각각 다양한 주제 및 난이도에 따른 관련 영문 텍스트 및 기사를 검색함. 또래 가르치기 활동 및 자유롭게 사전 검색을 할 수 있도록 허용함으로써 모둠활동을 지원하였으나, 학급의 모든 학생들을 개별화 지도를 하는 데 교사의 부담이 있었음.

마. 다양하지 못한 탐구 질문

• 모둠별로 다양한 형태의 탐구 질문이 나오기를 기대하였으나 아이들 대부분이 조사 연구를 위한 질문들로 몰리는 것에 아쉬움이 남음.

7. 학생 관찰을 통한 변화의 모습

가. 과업에 대한 책임감 증대

• 각자 맡은 과업에 대한 역할을 충실히 이행하기 위해 노력함.

나. 자기주도적 능력 향상

• 과업을 효과적으로 해결하기 위한 전 과정을 모둠원들 스스로 계

획하고 실천함.

- 프로젝트의 전 과정 중, 자신이 잘한 점 및 부족했던 점 등을 매 차시 스스로 반성·성찰하여 자기평가 함으로써 다음 차시 활동 에 긍정적인 영향을 줌.

다. 협업 능력 향상

- 프로젝트 전 과정이 모둠별 협의에 기반을 둔 활동으로 구성되어 균형 있는 역할 분담 및 갈등을 조정하고 문제를 해결하는 등 학 생들의 협업 능력이 매우 향상된 것으로 보임.

8. 제언

- UDL 원리는 정형화된 수업 모형이 아니라, 패러다임의 변화로 인 식할 필요가 있음.
- UDL 원리는 배움중심수업 또는 과정중심평가의 본 취지가 제대 로 실천될 수 있도록 지원하는 장치로 여겨짐.
- 교과서에 의존하지 않고 교사가 자율적으로 계획, 실천할수록 UDL 원리의 적용이 용이해짐.

What did you learn?

Date:	Student ID::	Name:

Put the article that you have read.	
What did you learn?	How did you feel?

1st reading

★ So what do you want to know more?

Preparation For a Great Project

Date: Student ID::   Name:

1. What are the problems in your real life related to the topic?

2. What is the solution to the problem?

3. How can you help more people with the solution?

4. What are the advantages of the troubleshooting process?

5. What are the disadvantages of the troubleshooting process?

6. What do you need to solve the shortcomings?

7. Create a cool project name for all of this.

8. What should I prepare for next time? List them in specific.

부록 4

중등 수학 수업
그래프 그리기와 해석

1. 과목 및 단원: 중학교 1학년 수학 Ⅲ. 그래프와 비례 1. 좌표평면
과 그래프(함수 영역)

2. 수업 의도

가. 교육과정 분석

관련 단원	성취 기준	차시	목표		
			전체	일부	소수
좌표 평면과 그래프	[9수03-02] 다양한 상황을 그래프로 나타 내고, 주어진 그 래프를 해석할 수 있다.	3	그래프로 나타 낼 수 있는 상황 을 설정하여 그 래프로 나타낼 수 있다. 기사에 사용된 그래프를 해석 할 수 있다.	그래프로 나타 낼 수 있는 상황 을 설정하고 구 체적인 변수 x, y를 정하여 그 값이 반영된 그 래프를 그릴 수 있다. 기사에 사용된 그래프를 해석 하고 기사의 의 도를 추측할 수 있다.	다른 학생의 그 래프에 대해 피 드백해 주거나 추가 과제를 해 결할 수 있다. 기 사에 사용된 그 래프를 해석하 고 자신의 의견 또는 주장을 만 들 수 있다. 도움을 받아 그 래프를 그리고 해석할 수 있다.

나. 단원 선택 이유

초등에서 다루지 않는 내용이라 이전 학습 결손이 학습장애로 작
용할 가능성이 적고, 주로 사교육을 통한 선행학습에서도 자세히 다
루지 않는 내용이어서 선행 여부에 따른 편차가 적게 나타나는 단

원임.

3. 수업실행 내용의 흐름

차시	제재	오류 유형	지도 방안
1	그래프의 개념	초등학교에서 배운 통계 영역의 그래프와 혼동	다양한 사례들의 비교를 통해 통계 영역 그래프의 가로, 세로축의 값과 함수 영역의 변수 개념의 차이를 발견하고, 주어진 값들의 관계는 어떤 그래프를 사용하여 나타내는 것이 좋을지 판단하도록 지도
2~3	교과서에 제시된 그래프 해석 및 그리기	① y값에 따른 x값의 변화로 해석 ② 움직이는 물체의 자취로 그래프를 이해 ③ 직선 형태로 그려야 할 때와 곡선 형태로 그려야 할 때를 혼동	① 용어에 대한 언급은 하지 않더라도 독립변수와 종속변수의 개념을 풀어서 설명 ② A 지점에서 B 지점으로 날아가는 비행기와 제자리에서 날아올라 일정 시간 후 다시 제자리로 내려오는 헬리콥터의 사례 제시 ③ 직선, 아래로 볼록 형태의 곡선, 위로 볼록 형태의 곡선 그래프를 비교하여 해석해 봄으로써 차이 인식 지도

차시	제재	활동 내용	UDL 학습설계 요소
4	그래프 그리기	스스로 설정한 상황을 그래프로 나타내기	3.2 속성과 중요한 특징, 중요한 생각, 관계를 강조하기 3.3 정보처리와 시각화, 조작 방법을 안내하기 5.3 학생의 단계에 맞춰 지원하여 학생의 수행이 원활하게 하기 6.1 적절한 목표설정을 도와주기 6.2 계획을 세우고 전략을 개발하는 것을 지원하기 6.4 진행 상황을 점검하는 능력을 키워 주기 7.1 개인의 선택과 독립성을 최대화하기 8.3 협동과 커뮤니티를 격려하기 9.3 자기평가와 반성할 수 있는 능력을 길러 주기

차시	제재	활동 내용	UDL 학습설계 요소
5~6	① 그래프 해석하기 ② 자신의 의견(주장) 만들기	① 뉴스 기사의 그래프 해석하기 ② 그래프에서 알 수 있는(주장할 수 있는) 내용 발표 하기	2.3 텍스트와 수학적 개념, 상징을 해석할 수 있도록 지원하기 2.4 다른 언어를 이해할 수 있도록 돕기 3.1 배경지식을 활성화하거나 제공하기 4.2 도구와 보조기기에 대한 접근을 최대화하기 5.3 학생의 단계에 맞춰 지원하여 학생의 수행이 원활하게 하기 6.1 적절한 목표설정을 도와주기 6.2 계획을 세우고 전략을 개발하는 것을 지원하기 6.3 정보와 자료를 다루는 것을 촉진하기 6.4 진행 상황을 점검하는 능력을 키워 주기 7.1 개인의 선택과 독립성을 최대화하기 8.3 협동과 커뮤니티를 격려하기 8.4 능숙해지도록 하는 피드백을 늘리기 9.3 자기평가와 반성할 수 있는 능력을 길러 주기

4. 수업안

중단원		소단원	차시	대상	지도교사
좌표평면과 그래프		그래프	4/6	1학년 3반~5반	

본시 주제	그래프 그리기		장소	1학년 3반~5반 교실

성취 기준	[9수03-02] 다양한 상황을 그래프로 나타내고, 주어진 그래프를 해석할 수 있다.

학습 자료	기본	교과서, 활동지
	다양화	상황 예문, 추가 활동지

단계	학습 요소	교수-학습 과정	수업 형태	유의점
도입	수업 안내	• 성취기준 제시 및 활동 내용 안내 • 개인/모둠(2인, 3인, 4인) 활동 형태 선택	질의 응답	활동 형태를 선택하는 과정에서 소외되는 학생이 없도록 유의한다.
전개	수업 전개 / 문제 해결	• 상황 설정하고 그래프 그리기 - 그래프로 나타낼 상황을 짧은 이야기 형태로 만들기 - 변수 정하기 - 그래프로 나타내기	선택 형태에 따른 학습 / 교사의 피드백	x, y가 연속이고 x에 따라 y가 결정되는 상황을 설정하도록 개별적 피드백 제공
		• 도움이 필요한 학생들 - 어떤 상황을 생각해 봤는지 듣고 조언해 주기 - 상황 예문 제시해 주기 - 그래프의 오류 피드백해 주기 • 과제를 완성한 학생들 - 다른 학생들의 그래프에 대한 피드백해 주기 - 추가 활동지 완성하기		• 학생들이 보이는 오류, 장애에 따라 필요한 도움 제공 • 과제를 완성한 학생들에게는 추가 활동에 대한 선택권 제공
정리	수업 정리 / 차시 예고	• 활동에 대한 자기평가, 동료평가 • 차시 예고 - 재미있어 보이는 그래프 찾아오기	개별 학습	자신과 친구들의 학습활동 과정에 대하여 객관적으로 평가하되, 그 형태는 서술, 점수 부여, 기여도 그래프 등 자유롭게 선택

중단원		소단원	차시	대상	지도교사
좌표평면과 그래프		그래프	5~6 /6	1학년 3반~5반	

본시 주제	그래프 해석 및 자신의 의견 만들기	장소	1학년 3반~5반 교실

성취 기준	[9수03-02] 다양한 상황을 그래프로 나타내고, 주어진 그래프를 해석할 수 있다.

학습 자료	기본	교과서, 교사가 준비한 그래프
	다양화	학생들이 찾은 그래프, 검색용 휴대전화, 기타 발표에 필요한 준비물

단계	학습 요소	교수-학습 과정	수업 형태	유의점
도입	수업 안내	• 성취기준 제시 및 활동 내용 안내 • 개인/모둠(2인, 3인, 4인) 활동 형태 선택	질의 응답	활동 형태를 선택하는 과정에서 소외되는 학생이 없도록 유의한다.

전개	수업 전개 / 문제 해결	• 그래프 해석하기
		  – 해석할 그래프 선택하기
		  – 그래프에서 구체적인 수치 찾기
		  – 그래프가 사용된 뉴스 기사의 내용 추측하기
		• 그래프 내용 발표하기
		  – 발표할 형태 정하기
		  – 그래프 해석 내용 발표하기
			선택 형태에 따른 학습 / 교사의 피드백	검색 기회를 적극 활용하고, 그래프에서 증가, 감소의 변화가 있는 부분에 주목하여 의미를 찾도록 개별적 피드백 제공

		• 도움이 필요한 학생들
		  – 검색 키워드 제시해 주기
		  – 그래프 해석의 일부 예시 제시해 주기
		  – 같은 그래프 선택한 다른 학생들에게 질문할 기회 제공하기
		• 과제를 완성한 학생들
		  – 그래프를 토대로 주장할 수 있는 자신의 의견 만들기
		  – 다른 학생들의 그래프 해석에 대한 피드백해 주기
				• 학생들이 보이는 오류, 장애에 따라 필요한 도움 제공
				• 과제를 완성한 학생들에게는 그래프와 같은 결과가 나타난 원인을 사회·문화·경제·정책적 배경 등 다양한 관점에서 생각해 보고 앞으로의 전망도 해 보도록 개별적 피드백 제공

정리	수업 정리 / 차시 예고	• 활동에 대한 자기평가, 동료평가 • 차시 예고 – 정비례 관계 찾아보기	개별 학습	자신과 친구들의 학습활동 과정에 대하여 객관적으로 평가하되, 그 형태는 서술, 점수 부여, 기여도 그래프 등 자유롭게 선택

5. 학생 관찰 및 교사 성찰

가. 4차시에서 개인/모둠 학습 형태 선택 시, 개인을 선택하는 경우는 학급별로 2~3명 정도로 많지 않았으며 크게 두 부류의 학생들이었음.

나. 학습 능력이 뛰어나 다른 친구들과 함께 하는 것보다 혼자 하는 것이 더 빠르고 결과물도 좋을 것이라고 생각하여 선택하는 경우와 하기 싫거나 잘할 자신이 없는데 모둠에 있으면 다른 친구들이 잔소리할까 봐 혼자 하겠다고 하는 경우가 있었음.

다. 전자의 경우 해당 학생들이 속해 있던 모둠의 다른 학생들은 자신들끼리 함께 하는 경우도 있었고, 아무도 주도하지 않아 결국 모두 혼자 하는 경우도 있었음.

라. 같이 하던 친구와 의견이 맞지 않으면 중간에라도 팀을 바꿀 수 있도록 허용하였으나 그런 경우는 없었고, 협의를 통해 결과를 완성해 냄.

마. 평소 완전히 구조화된 학습지로 수업할 때보다 간단한 제시문만 주어진 활동지를 받고 어떻게 해야 하는 것인지 질문이 많았으나 여러 번의 설명 끝에 활동 내용을 이해한 후에는 평소보다 훨씬 적극적인 태도로 자신의 의견을 이야기하며 학습활동에 참여함. 세 학급에서 단 1명의 학생만 흥미를 가지지 못하고 성의 없이 하다가 결국 완성하지 못하였고, 다른 학생들은 모두 그래프 그리기를 완성함.

바. 학생들마다 완성하는 데 걸리는 시간차가 매우 컸음. 평소 수학 학습 능력을 고려하여 짜인 모둠 수업을 할 때는 일어나지 않던 현상이었음. 학생들이 도전의식을 가질 만한 추가 활동이 중요하

겠다는 생각을 함. 4차시에 학생들이 선택할 수 있는 추가 활동
은 다른 친구들에게 피드백 주는 것과 추가 개인 과제를 해결하
는 것이었는데 학급별로 각각을 선택하는 학생 수에 매우 큰 차
이가 있었음. 학급별 학생들의 성향을 고려하여 다양한 형태의
추가 활동을 디자인할 필요가 있음.

사. 5, 6차시 수업을 위하여 학생들이 뉴스 기사에서 스스로 관심
있는 그래프를 찾아오기 바랐으나, 아무도 찾아오지 않아 결국
교사가 검색한 그래프들을 제시하고 그중에서 선택하는 것으로
진행함. 실제 검색하다 보니 중학교 1학년 학생들이 쉽게 이해할
수 있을 만한 내용이 담긴 그래프를 찾기 어려웠으며, 기사에서
제시하고 있는 그래프들은 이산적인 변수들을 연속인 것처럼 취
급하여 이어 놓은 경우가 대부분이라 학생들에게 오개념이 형성
될 가능성이 있음.

아. 4차시와 달리 5, 6차시는 모든 학생들이 기존 모둠 단위로 하는
것을 선택함. 발표까지 이어지는 수업이라 혼자 하는 것에 부담
을 느낌. 각 모둠별로 해석하고 싶은 그래프를 선택하기 위해 협
의할 시간을 주었고, 진행하다가 바꾸고 싶은 경우에도 변경을
허용함.

자. 본교는 학습에 대한 자발성이 부족한 학생들이 많아 학습 형태
나, 그래프를 그리는 맥락, 해석할 그래프 선택 등에서 자신의 능
력, 관심보다는 노력을 덜 들이고 할 수 있는 방향으로 선택하
는 경우가 나타남. 또한 전체적으로 4인 모둠별로 학습활동을
진행하다 보니 4차시에 비하여 자의, 타의로 학습활동에서 소외
되고 있는 학생들이 발생함. 그래프를 해석하여 알아낸 개별적인

사실들에 설명을 밝히도록 하자 조금 더 열심히 참여하는 학생이 있었던 반면에, 그냥 놀고 있는 경우도 생김.

차. 세 학급 모두 객관적인 사실들은 검색을 사용하여 비교적 잘 찾아내고 그래프 해석도 어느 정도 이루어졌으나 그것을 바탕으로 자신들의 생각을 도출하는 것은 어려워하며 모둠별로 질적인 차이가 매우 컸음. 정해진 답을 찾는 수업에서는 모둠별 차이가 별로 나타나지 않았던 것으로 보아 수학에서 자신의 생각을 만들어 본 경험이 부족하기 때문일 가능성이 높음.

카. 마찬가지로 그래프 해석 결과를 발표할 형태를 정하도록 하였을 때 한 개의 모둠만이 친구가 질문하면 설명해 주는 형식을 취했을 뿐, 모든 모둠이 글로 써서 읽는 형태를 선택하였음. 이 역시 실기 수업을 제외하고는 학교 수업에 대한 모든 평가의 형태가 글쓰기로 이루어져 학생들이 익숙한 것을 편안하게 생각하고 선택한 것으로 생각됨.

6. 제언

가. 배움중심수업, 하브루타 등도 그 개념과 효과 등에 대하여 교사들에게 많은 연수 기회가 주어졌고 교사도 수업 진행 전, 주로 학년 초, 학기 초에 학생들에게 수업 의도와 형태에 대해 충분히 설명하고 진행하여 현장에 어느 정도 정착이 되었다고 생각함. 보편적 학습설계 수업도 교사들에게 충분한 연수 기회가 필요하다고 생각됨.

나. 예시안을 제시하는 것이 다양한 수업설계를 제한할 수도 있지만, 동시에 예시안을 통해 가장 빠르게 개념을 이해할 수 있다고

생각함. 따라서 각 교과별, 학교급별 양질의 학습 설계 예시안을 학교 현장에 제공할 필요가 있음.

다. 학생들에게 다양한 형태의 학습 자료, 표상 방법을 제공하기에 적절한 학교 환경이 구축되어야 함. 학생들의 휴대전화 없이는 검색도 쉽지 않고 그나마 와이파이가 설치되지 않아 데이터가 없으면 쓸 수 없는 경우도 있음.

라. 예산 사용의 규제도 완화될 필요가 있음. 예를 들어 수학에서 그래프나 도형의 경우에는 학생들의 의견을 말로 발표하거나 칠판에 다시 필기하는 것보다 실물화상기로 바로 보여 주는 것이 효과적인데 기자재로 분류되어 자유학년제 예산, 혁신공감 예산 어느 항목에서도 구입이 어려움.

7. 수업 자료

가. 4차시: 기본 활동지, 추가 활동지

나. 5~6차시: 그래프

기본 활동지

1. 두 양 사이의 관계를 그래프로 나타낼 수 있는 상황을 제시해 봅시다.

2. 1의 상황에서 변수 x, y를 정하고 두 변수의 관계를 그래프로 나타내 봅시다. 먼저 좌표평면을 그려야겠지요? 필요한 사분면만 그려도 됩니다. x와 y의 단위도 써 주세요.

추가 활동지

아래와 같은 꽃병에 물을 부어 채우려고 할 때, 물의 양에 따른 물의 높이의 그래프를 각각 그리고 설명하시오.

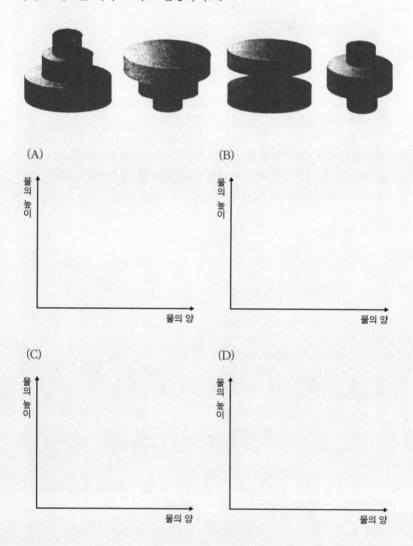

(A)

물의 높이 ↑

물의 양 →

(B)

물의 높이 ↑

물의 양 →

(C)

물의 높이 ↑

물의 양 →

(D)

물의 높이 ↑

물의 양 →

제시한 그래프

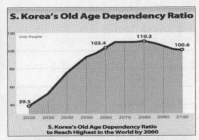
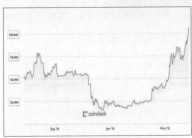
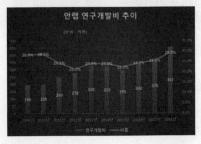
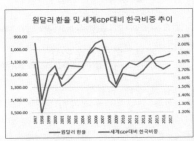

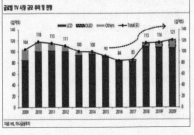

삶의 행복을 꿈꾸는 교육은 어디에서 오는가?

● **교육혁명을 앞당기는 배움책 이야기** 혁신교육의 철학과 잉걸진 미래를 만나다!

● **비고츠키 선집** 발달과 협력의 교육학 어떻게 읽을 것인가?

참된 삶과 교육에 관한 생각 줄기